智库 中社

国家智库报告 2016（59）
National Think Tank

"三 农"

进城落户农民的农村产权问题研究

任常青 郜亮亮 刘同山 著

HOW TO DEAL WITH MIGRANT FARMERS' RURAL PROPERTY

中国社会科学出版社

图书在版编目（CIP）数据

进城落户农民的农村产权问题研究／任常青，郜亮亮，
刘同山著 . —北京：中国社会科学出版社，2016.10
（国家智库报告）
ISBN 978 - 7 - 5161 - 9206 - 1

Ⅰ . ①进…　Ⅱ . ①任…②郜…③刘…　Ⅲ . ①民工—
权益保护—研究报告—中国　Ⅳ . ①D923 . 804

中国版本图书馆 CIP 数据核字（2016）第 261087 号

出　版　人　赵剑英
责任编辑　刘晓红
责任校对　周　昊
责任印制　李寡寡

出　　　版　中国社会科学出版社
社　　　址　北京鼓楼西大街甲 158 号
邮　　　编　100720
网　　　址　http://www.csspw.cn
发 行 部　010 - 84083685
门 市 部　010 - 84029450
经　　　销　新华书店及其他书店

印刷装订　北京君升印刷有限公司
版　　　次　2016 年 10 月第 1 版
印　　　次　2016 年 10 月第 1 次印刷

开　　　本　787 × 1092　1/16
印　　　张　8
字　　　数　80 千字
定　　　价　32.00 元

课题协调督办：魏后凯

课题主持人：任常青

课题组成员：郜亮亮　刘同山

摘要：随着城市化进程的不断加快，进城落户农民的数量越来越多。如何处理进城落户农民在农村的土地承包权、宅基地使用权和集体收益分配权是一项亟待解决的问题。2016年中央一号文件提出要维护进城落户农民的土地承包权、宅基地使用权和集体收益分配权，支持引导其依法有偿转让上述权益。维护权益的前提是赋权，要在坚持集体所有制的前提下，通过创新农村集体经济实现方式，从政策和法律上赋予农民在农村的上述权益。其次，要通过打破现有的集体经济的封闭边界，让农民权益的价值在更大的市场里得以体现。本书在案例分析的基础上，总结了一些地方在维护进城落户农民农村土地承包权、宅基地使用权和集体收益分配权方面的做法和经验。分析了维护和转让农民上述权益所存在的问题。提出要通过创新农村集体经济实现形式，分置农村居民的经济权益、政治权益和社会权益，通过土地确权和集体经营性财产股权量化到个人，允许其经济权益在更大的市场上依法自愿有偿转让，让农民享受到真正的财产权益。

Abstract: With the accelerated process of urbanization, more and more migrant farmers settled in the city. How to deal with the rural land contract rights, the use right of homestead land and the right of collective income distribution in rural areas is an emerging issue in the process of rural reform. The No. 1 Document of CPC Central Committee of 2016 proposed to protect farmers' land contract rights, use right of homestead land and the right of collective income claim, to support farms voluntary trade these rights in accordance with the law. The prerequisite is to empower these rights to the farmers. Under the condition of adhering to collective ownership, to empower farmers' rural rights based on policy and law by innovating the proper implementation of rural collective economic system. Secondly, instead of inner – village transaction limitation, the market niche of rural rights should be opened to the outside to ensure farmer's asset be priced by the market. Based on the case study, this book summarizes the experiences and lessons of current initiatives in Chongqing, Zhejiang, Fujian and Ningxia. To analyze the problems existing in the maintenance and transfer of the farmer's rural rights. We proposed an innovative way to implement rural collective economy, which is that to empower farmer's economic rights, political rights and social rights separately instead of stimulatingly empowered. By issuing land ownership registration certification and quantify shares of collective assets to individuals, famer's should be allowed voluntarily to trade their rural assets in the open market in accordance with the law to ensure farmers' true value of property rights.

目　　录

一 总体框架与思路

土地承包经营权和宅基地使用权是法律赋予农户的用益物权，集体收益分配权是农民作为集体经济组织成员应当享有的合法财产权利。十八届三中全会提出要赋予农民更多财产权利，共享改革开放的成果。2016年中央一号文件指出要"维护进城落户农民土地承包权、宅基地使用权、集体收益分配权（以下简称'三权'），支持引导其依法自愿有偿转让上述权益"。"三权"是农民在农村最重要的财产权，也是他们最重要的财富来源。解决好进城落户农民的"三权"问题关系到我国城镇化发展的速度与质量，也关系到我国深化农村改革与发展的成效。农民与"三权"的关系既是一个重要的经济关系，也是一个重要的政治关系。近年来，各地就农村土地制度和集体产权制度进行了一些有益的改革探索，这些探索适应了我国城镇化和农业现代化的进程，具有一定的借鉴意义。

维护进城落户农民"三权"的前提是赋权。赋权是新发展阶段农村集体所有制实现形式创新的客观要求。

各地正在进行的农村土地制度改革和集体经济产权改革中赋权探索是一项重要且具挑战性的工作。与赋权相关的是成员权的界定和权益的属性。对于日益融入城乡一体化浪潮的农村来说，居住在农村的除了集体经济组织成员外，还有外来的社区居民，而有些集体经济组织成员常年在城市工作和居住。客观上提出了界定不同成员拥有不同权益的要求。这是改革发展中遇到的新问题，是城市化和农业现代化进程中遇到的新问题，也是亟待解决的问题。

依法自愿有偿转让"三权"权益，首先要有法可依。现行的《土地管理法》、《土地管理法实施条例》和《农村土地承包法》等都对农村承包地、宅基地和建设用地的权益属性做了明确的法律界定。但是，应当看到，一些约束性条款当时是适宜的，现在已不合时宜。其次，让农民自愿转让其权益，需要有一个开放的农村土地市场和产权交易市场。这样，其权益价值才能真正得以承认，权益的财产属性才能得以体现。中共十八届三中全会提出的"让市场在资源配置中起决定性作用"和"建立城乡统一的建设用地市场"都为农民转让权益提供了政策保障。最后，要重新定义农村产权市场的边界。如果仍然把农村产权交易的范围限定在本集体经济组织内部，就很难说是市场在起决定性作用。市场不能发挥作用的交易，其资源配置效率就不能得到保障。

维护进城落户农民的"三权"，引导其依法自愿有偿转让"三权"权益，要坚持从实际出发，将之放在我国城市化飞速发展和农业现代化进程不断加快的大趋势下统筹考虑，从有利于农村改革与发展，有利于维护农民利益、有利于发展壮大农村集体经济出发，坚持问题导向，从理论和实践中回答以下问题：（1）给农民赋权时，成员权如何界定？（2）如何从权益的角度区分农村社区居民和集体经济组织成员？（3）进城落户农民"三权"的产权内涵、性质和转让条件、范围，以及相关影响。（4）探索通过立法、修法或政策途径，为进城落户农民依法自愿有偿转让"三权"提供保障。

为了回答上述问题，中国社会科学院农村发展研究所课题组先后赴福建、浙江、重庆、宁夏、江苏等地开展实地调研，分析、总结各地在农户土地承包权退出、宅基地使用权转让和集体资产股权量化方面的实践经验。这些探索既有一定的共性，又有从当地实际情况出发的特殊做法。在总结归纳各地不同做法的基础上，我们尝试对上述问题进行理论思考和分析，以探索新发展阶段下维护进城落户农民的"三权"并支持引导其依法自愿有偿转让上述权益的政策途径。

二 "三权"改革的不同模式及评价

（一）"三权"改革的不同做法

1. 土地承包经营权退出

重庆市结合统筹城乡户籍制度改革工作，出台了一系列的政策措施保护转户农民的合法权益。在制定户改政策时，充分考虑农村土地承包经营权的物权属性，明确规定了农民转居后，其农村土地承包经营权可以继续保留，实现了户籍改变和享受城镇居民待遇与农村土地承包经营权脱钩，有效保护了转户农民的土地承包经营权。同时，保证转户农民对土地承包经营权的处置享有充分的自主权。农民转户后可以自愿退出承包土地，也可以继续保留承包土地。自愿退出承包土地的，按照当地同类土地年平均流转收益和本轮承包期的剩余年限获得相应的补偿。保留承包土地的，继续拥有承包经营权的占有、使用、流转、收益等权利，以及承包土地被依法征收时获得相应补偿的权利。

重庆市梁平县在农村土地承包权退出方面开展了有益的探索。为了积极稳妥地开展这项工作，梁平县出台了《梁平县农村土地承包经营权退出试点实施办法（试行）》草案以及相关文书、表格，着重进行了退出对象范围条件、退出程序、退出补偿价格形成机制与兑现方式、退出补偿金筹措、退出土地管理利用、退地农民社会保障六个方面的制度设计。创立了"三方联动、供需平衡"的农村土地承包经营权退出模式，即发包方有退出通道，退出方有退出意愿，承接方有用地需求，供需力求平衡。在资金方面，2015年，梁平县筹措了50万元资金，2016年又追加了30万元，共80万元用作两个试点村的退出补偿周转金补助。目前已成功完成了22户农户的15亩承包地的土地承包权有偿退出工作；还有6户、23.2亩承包地有退出意愿，正在与承接方协商之中，可望实现稳妥退地。

专栏1：重庆梁平承包地有偿退出探索

梁平县地处重庆市东北部东邻万州区，西连四川省大竹县，地貌以山区为主，兼有丘、坝，有"三山五岭，两槽一坝"之说。梁平户籍人口约为93万，常年外出人口为32.4万。2014年11月梁平县被确定为全国第二批农村改革试验区，承担了农村土地承包经营权流转管理、退出和农村集体产权股份合作制改革、积极发展农民股份合作赋予农民对集体资产股份权能改革等4项国家级改革试验任务。梁平县蟠龙镇积极探索一次性有偿退出农村土地承包经营权，盘活了农村土地资源。

事由：2014年，金带镇仁和村农民首小江计划投资1000余万元，在蟠龙镇义和村1组建设冷水鱼养殖基地，其中15亩项目基础设施建设用地是当地一块撂荒多年的河滩地，承包权属于当地20户农户。正是这15亩地成了项目落地的最大瓶颈：一方面，业主考虑到项目投资巨大，如果以"一年一付"的方式租用土地，担心农民中途毁约收回土地，或坐地起价，巨额投入可能会"打水漂"，影响其持续稳定经营；另一方面，农民虽有土地流转意愿，但也担心大户因经营不善拖欠租金，甚至"跑路"，而基础设施建设部分难以复耕，会影响自己的收益，留下后遗症。

主要做法：第一，双方农户达成退地意愿。20户承包农户有稳定职业和收入来源，多年不从事农业生产，具有彻底退地的意愿与有利条件，蟠龙镇因势利导，采取由业主与农户公开多次协商的方式，达成有偿退出土地承包经营权意向。第二，集体经济组织同意退地。

2014 年 12 月，义和村 1 组召开村民代表会议形成决议：一是同意 20 户农民永久放弃土地承包经营权，以每亩 3 万元的一次性补偿价格，将 15 亩承包地有偿退还给村民小组；二是同意根据土地承包法中"不宜采取家庭承包方式的荒山、荒沟、荒丘、荒滩等农村土地，可以采取招标、拍卖、公开协商等方式承包"之规定，将该 20 户村民退出的 20 亩土地，以每亩 3.45 万元的价格，采用其他承包方式承包给经营大户首小江，用于冷水鱼养殖基地基础设施建设。每亩溢价 0.45 万元归村民小组集体所有。第三，变更登记。双方持相关材料到县级农村土地登记机关进行备案和变更登记。

初步经验：创立了"三方联动、供需平衡"的农村土地承包经营权退出模式，即发包方有退出通道，退出方有退出意愿，承接方有用地需求，供需力求平衡，最终实现"流得出，转得进，稳得住"目标。

梁平县的土地承包权退出说明，打破土地承包权转让的传统边界，土地承包权的权益价值就可以得到体现，就能避免承包地"占而不用、荒而不让"的低效做法。在现有的政策框架下，转入方取得集体经济组织成员资格后，便可以转入土地承包权，成为土地的承包经营者。

江苏镇江则是以土地租金和社保两种补偿方式实现承包土地的有偿转让，较好地促进了规模化经营。

专栏2：江苏镇江承包地有偿转让探索

2009年以来，镇江新区以破解"保护耕地、保障发展"两难命题为突破口，以创新土地利用方式和转变发展方式为主线，在全省范围内率先试点"万顷良田建设工程"，因地制宜组织实施农村土地综合整治和农民集中安置居住，努力探索具有开发区特色的城乡一体化发展新路径和新模式。"万顷良田建设工程"土地整理总规模为5.59万亩，涉及丁岗、大路和姚桥3个镇、18个行政村、84个自然村，需拆迁农户8529户、25348人。

该项目涉及农村承包耕地的有偿转让和退出问题。该项目在尊重承包经营权农户意愿的基础上，在二轮土地承包期内，将承包地全部交由村集体经济组织、村民委员会或村民小组，然后依托镇（街道）农经站设立农村土地流转服务中心按照"依法、自愿、有偿"的原则将土地发包给各类经营主体，从而实现规模化经营。

流转土地在保持农用条件下实行下面两种补偿方式：

第一，流转型补偿，即承包户领取流转租金。农民每年领取 850 元/亩的土地流转补贴，并建立周期性的流转补偿增长机制。2010 年起按照 850 元/亩，建立周期性的流转补偿增长机制，原则上每 3 年增加 50 元/亩。如遇粮食价格大幅上涨时，另行制定临时价格补贴政策。人均土地较多的（3 亩以上）农户一般选择这种补偿。第二，保障型补偿，即承包户以经营权换保障。经营权换保障是指符合一定条件的承包户以土地承包经营权换取一定的生活保障。为了同时达到"效率"与"公平"目标，经营权换保障将农户按照年龄分成 5 类，然后按照不同的标准进行补偿。例如，第四年龄段为男 50 周岁以上至 60 周岁、女 45 周岁以上至 55 周岁，从实行生活保障的当月起，在到达养老年龄前，按月领取生活补助费 239 元。到达养老年龄后，按月领取养老金。

当流转土地被征用后，按照《镇江市征地补偿和被征地农民基本生活保障办法》规定，对被征地的人员进行安置补偿，停止上面两种补偿。

2. 农村房屋和宅基地使用权退出

《土地管理法》明确规定，宅基地属于农民集体所有，农民享有使用权。《物权法》规定，宅基地使用权的法律地位为用益物权。在实际操作中，宅基地使用权的用益物权的权能并不完整，处置权缺失。在城镇化进程中，一些进城落户农民的宅基地已经空置，随着小城镇建设不断加快，越来越多的农民在小城镇购置商品房，农村宅基地闲置的现象越来越严重。

十八届三中全会《决定》指出，"保障农户宅基地用益物权，改革完善农村宅基地制度，选择若干试点，慎重稳妥推进农民住房财产权抵押、担保、转让，探索农民增加财产性收入渠道"。近些年来，为了充分体现宅基地的用益物权价值，一些地方通过宅基地转让、置换、抵押、担保等方式探索宅基地权益价值的市场实现方式，取得了值得借鉴的经验。

各地在宅基地使用权改革上主要集中在以下几个方面。（1）探索宅基地零增长或负增长的机制。通过宅基地退出，控制农村宅基地的扩张，对闲置宅基地进行复垦（晋江）。（2）在农民存在住房选择的情况下，鼓励农民退出宅基地（晋江）。（3）尝试扩大宅基地转让边界，由只在本村范围转让扩大至在县域内转让，以提高宅基地的财产收益（乐清）。（4）发挥宅基地用益物权的权能，宅基地用于抵押、担保贷款（乐清）。

福建省晋江市是国土资源部全国农村宅基地制度改革试点县，其对宅基地权益保障、自愿有偿退出等进行了积极探索。晋江主要从两方面开展退出：一是探索农村宅基地零增长甚至负增长的机制。这是晋江宅基地退出的一个总基调；二是对于已拥有宅基地又自愿退出的，或者放弃宅基地申请权的，在尊重农民意愿的基础上，赋予其申请城镇保障房的权利，或补贴购买城镇商品房。晋江进行的宅基地储备探索将零散宅基地聚集到一定规模，通过对农村居民点整理、闲置宅基地整治，化整为零，实行规模化利用，提高了宅基地利用效率。

专栏 3：福建晋江宅基地有偿退出探索

2015 年 2 月，晋江市被国土资源部列为全国农村宅基地制度改革试点，对宅基地权益保障、自愿有偿退出等进行了积极探索。

基础性工作：第一，确地。任何产权的退出都以产权清晰为前提条件，为此晋江市首先开展了以宅基地确权登记颁证为核心的系列厘清宅基地产权工作。具体包括：启动农村地籍和房屋调查，推进不动产登记工作，开展确权登记。目前晋江市已登记发证的农村宅基地为10.4747万宗，占符合发证条件宅基地总量（11.3363万宗）的92.40%。第二，定人。农村集体经济组织成员资格界定是推进农村集体产权，特别是股份权能改革的重要基础。晋江市率先在泉州市出台农村集体经济组织成员资格认定指导意见。该意见对成员的资格取得、资格丧失、特殊人员认定等做了较详细的说明。《意见》明确了尊重历史、照顾现实、程序规范、群众认可四大基本原则，对本意见之外的其他情形，由村集体经济组织召开会议民主决策通过。第三，建信息系统。为了规范和加强农村宅基地管理，合理利用土地资源，切实保护耕地，晋江市国土资源局推进"一张图"工程。开发国土资源一体化应用平台，集成批、供、用、补、查全业务，整合了15类基础数据、400多万页电子档案，实现"以图管地"。

建立宅基地有偿退出机制。第一，建立宅基地流转机制。明确流转方式（内部转让、出租、入股），严格设定流转条件和程序，严禁囤积炒作农村宅基地、小产权房建设，防范流转风险。宅基地转让对象还是遵循集体经济组织内部流转的原则。但考虑到晋江是著名侨乡，考虑到华侨对经济发展的贡献，对原集体经济组织的华侨和港澳台同胞应列入流转对象范围内。第二，探索多种形式的宅基地退出。在自愿、有偿前提下，引导农民退出或放弃申请宅基地，其他政策待遇保持不变。目前方案主要有两种方式，一种是可优先申请保障性住房。准备利用存量剩余安置房源，鼓励群众用宅基地换安置房。另一种是在城镇购房时予以补贴。同时，结合晋江市农村集体产权制度改革，在集体产权股份化改革过程中，对退出宅基地、放弃申请宅基地的农民，以适当增加股份份额的方式予以补偿。对规划区内的 18 个城中村片区进行统一改造，宅基地实行 7 个换：一是换货币，实行土地、房屋分别计算，合并结算；二是换安置房；三是换股权，按照土地补偿款份额参股；四是换店面；五是换商场；六是换 SOHO，一般按照 1∶0.9 至 1∶1 置换；七是换写字楼，一般按照 1∶0.9 至 1∶1 置换。

探索集体土地收储机制，形成常态化的退出模式。针对当前宅基地退出遇到报批烦琐、零散退出无法产生规模效益、村财情况不一等问题，在保留土地集体性质、保障村集体优先回购权、实行市场指导价原则下，仿效国有土地管理，建立农村集体土地储备中心，在保障村集体经济组织优先回购权、保留土地集体性质的前提下进行管理、利用。借鉴重庆地票，对有意愿退出的，予以收储，零星补充耕地再捆绑立项，进行增减挂。

在实践中，乐清市的宅基地跨村交易试验开始得较早。这与乐清市民营经济发展较早有关系。农民从农村向非农产业集中的地方集聚，增加了对当地房屋的需求。政府对这种交易也给予认可。由于农民对农房和宅基地流转的需求比较旺盛，2009 年 7 月，乐清市委（2009）4 号文件提出"对持有集体土地使用权证和房产证的农村房产，允许在市域范围内农业户籍人口间转让"。不到半年时间，已有 206 起农村房屋转让交易在住建局登记备案。此后，乐清市的农房交易迅速发展。"十二五"期间，农村房屋连同宅基地使用权转让达 5409 起。这些探索极大地释放了宅基地的财产权功能。

专栏 4：浙江乐清宅基地有偿退出探索

乐清是温州市代管的浙江省辖县级市，东与台州市玉环县隔海相望，是"温台模式"的主要发源地和我国市场经济发育最早的地区之一。乐清市现有户籍人口

128 万，传统意义上的农业人口 116 万，占总人口的
90% 以上，人均土地面积 0.32 亩。由于人多地少且经商
氛围浓厚，当地绝大部分农民都已不再务农，而是成为
在全国乃至全球发展的大小商人。乐清是全国百强县，
2015 年其城镇常住居民人均可支配收入为 46352 元（全
国为 31195 元），农村常住居民人均可支配收入为 24891
元（全国为 11422 元），都远高于全国平均值。随着当地
工商业的蓬勃发展和城乡一体化加速，近年来，乐清市
农村房屋和宅基地"房地一体"的"跨集体经济组织"
交易现象日益普遍。2015 年 12 月，全国人大常委会法律
授权国务院开展集体所有的宅基地使用权抵押贷款实践，
乐清市被选为 59 个试点县之一。

农房交易市场。第一，交易市场由来已久，发展迅
速。自 1986 年乐清为农村房屋办理产权登记以来，经政
府备案的农房自愿有偿转让开始零星出现。至 2007 年
底，经乐清市住建局登记备案的农房转让累计达 88 起。
2009 年有 206 起农房转让交易在住建局登记备案。此
后，乐清市的农房交易迅速发展，2010 年增加至 383
起，至 2016 年 2 月底，乐清市已累计完成 7185 起农村
房屋交易，转让面积达 115.73 万平方米。其中仅"十二

五"期间，就有5409起农村房屋转让在乐清市住建局进行了登记备案。第二，交易允许在市域范围内农业户籍人口间发生，交易范围突破村集体组织成员，运行平稳。2009年7月，乐清市委（2009）4号文件规定："对持有集体土地使用权证和房产证的农村房产，允许在市域范围内农业户籍人口间转让。"

成功条件。第一，民营经济发达，融资需求多，抵押需要。第二，确权基础好，很早就完成了房屋和宅基地确权发证工作。第三，本着只要有利于百姓利益和需求原则，解放思想，大胆创新，稳妥推进。多个相关部门之间统一协调，快速推进了工作。第四，基层和中级人民法院协调良好。

成效。第一，农民创业者获得资金。2007—2008年前，农房抵押贷款约每年70亿—80亿元，之后每年40多亿元。第二，农村金融服务发展活跃，金融意识、风险意识和信用意识都得到了培养和提高。

重庆市首创的"地票"制度，将农村宅基地与城市建设用地联系起来，在不扩大宅基地面积的情况下，通过让农民进城落户的方式退出宅基地。复垦退出的宅基地以换取可公开交易的"地票",用地单位购买"地票"以得到建设用地指标。至 2015 年底,重庆农村土地交易所累计成交"地票"17.29 万亩,其中 11.7 万亩已经投放市场,成交价款 345.66 亿元,惠及农户超过 20 万户;累计办理地票质押 8354 亩、12.23 亿元。

3. 农村集体收益分配权转让

集体资产收益的增值和分配是事关农民切身利益的大事,集体收益分配权转让既是集体收益分配权完整性的体现,也是集体收益增值的重要途径。集体资产股权量化是收益分配权转让的重要实现形式。各地在这方面有不少实践探索。

温州市作为全国农村产权制度改革试验区率先于 2011 年开展农村集体资产产权制度改革。改革坚持以"赋予农民更多财产权利"为导向,实行政经分开,明晰产权归属,完善各项权能。按照"产权到人(户)、权随人(户)走"的原则,构建符合市场经济要求的农村集体经济运营机制。目前全市村集体经济组织股改完成率达 99.6%,量化集体净资产 165 亿元、认定持股社员 680.9 万人。

温州集体资产产权制度改革的做法是,首先,量化股权，明晰农民对集体资产的股份享有。将村集体经营性资产量化到人（户），明确集体经济组织成员权，实现对集体资产产权长久化、定量化享有。在股权设置上，原则上不设集体股，只设个人股；个人股一般由人口股和农龄股构成，人口股占比不低于60%；倡导股权"生不增、死不减"静态管理。股权可继承、转让和赠与。在量化对象确认上，主要以农业户籍在村，结合劳动关系认定股改量化对象。强调依法、依规进行股权量化。在具体操作上，确保农民知情权、决策权、参与权和监督权。其次，赋能活权，激活农民对集体资产的股份权能。赋予农民对集体资产股份的收益权能。农民凭股权分红，股权可用于抵质押贷款，积极探索股权的增值途径。股权还可以在村集体经济组织内部转让，例如，乐清市长虹村开展股权内部转让，规定个人股权转让不能超过50%，股东个人持股不得超过全社总股本的10%，目前该村社已发生流转交易9起。最后，政经分开，探索集体所有制有效实现形式。按照政经分开要求，重点抓好村股份经济合作社组织、财务、议事等各项制度建设。政府设立农村产权交易服务机构用于农村产权交易。截至2015年底，全市共完成交易1083宗、金额10.49

亿元，交易后平均溢价 18%。

专栏 5：浙江省苍南县宜一村集体资产股改探索

宜一村于 2004 年 10 月开始股改，是开始比较早的村。开展股改是基于以下几点考虑。一是改变村民对集体资产的认识问题。村民总认为村里的财产由村干部经营，与自己无关，也看不到集体财产与自己有什么关系。二是干部自己没有风险，反正是集体的，经营好坏与自己无关。三是有钱分不掉。到底按什么分，人口还是劳力？分一年，吵一年，年年吵。所以，为了发展壮大集体经济，有必要进行股改。

股改的原则是"宜粗不宜细"，做到两个兼顾、三个原则、四个程序。两个兼顾就是兼顾集体和个人的利益，兼顾大户和小户的利益。三个原则就是坚持有法依法原则、坚持有政策按政策原则、坚持没有法律依据和政策规定的按照少数服从多数原则。四个程序就是工作的步骤，首先是资产登记评估程序，对全村集体资产进行评估作价；其次是家庭户与人口统计程序，按照制定的原则逐户进行人口登记；再次是制定通过各项决议程序，特别是无法可依，无政策可循的，要经村民讨论通过；

最后是股改资料备案程序。

全村经营性集体资产总值为 3000 万元，采取村委会占 30% 的股份，社员占 70% 的股份进行分配。采取以户为基础，以人口为基数的分配方法，每户的基础股份是 2 万元，每个人口分 7000 元。现在集体留的 30% 的股份已经全部分给了新增的人口。

股改后，宜一村集体经济发展迅速，效果显著。村集体资产不断壮大增值，由股改时的 3000 万元增加到目前的 2 亿多元。社员收入和民生福利事业不断改善，2015 年户均分红 1 万多元，加上节假日福利，每户每年可从集体得到 1.3 万元的收入。社员和干部参与管理村集体经济积极性不断增强，村集体经济发展壮大与自己息息相关，因此，对集体经济的关心也就是对自己的关心。

4. "三权"一揽子退出

宁夏回族自治区平罗县结合西海固生态移民"插花安置"工作，于 2013 年初制定了《农民宅基地、房屋、承包地收储参考价格暂行办法》和《农民集体土地和房屋产权自愿永久退出收储暂行办法》，县政府出资 500 万元设立土地退出收储基金，启动了土地财产权和成员身份权的"双重彻底退出"试验。

平罗县"一揽子"退出与宁夏西海固生态移民工程有关，有其特殊性，但是，这个项目的实施效果也告诉我们，只要农民"三权"权益得到合理的估价，在让农民自愿选择的情况下，农民会做出理性的选择。

专栏6：宁夏平罗县案例

平罗县结合西海固生态移民工程，制定了农民"三权"权益一揽子退出计划。其主要做法为：一是参照自治区征地补偿标准，结合当地近三年土地流转均价，根据地理区位和土地肥瘦，将全县13个乡镇的每亩土地收储价格确定为从300元到600元不等的7个档次。承包地退出总补贴＝每年的补贴标准（每年提高5%）×第二轮承包期的剩余年限。二是按区位将标准面积为270平方米（约合0.4亩）的宅基地收储价格确定为1万元、9000元和8000元三个等级。超标部分以1万元/亩的庭院经济用地予以补偿，补偿额最高不得超过宅基地价格的40%。三是按照建造年限和建筑结构，确定农村房屋收储价格每平方米不高于700元。

尽管平罗县的土地收储价格不高，平均每户永久放弃"三权"（连同农村房屋）的补偿约为 12 万—15 万元，又设置了严格的退出条件，规定"迁入城镇并有稳定职业和固定住所或者长期外出有稳定的收入来源的"才可以申请，"单纯依靠土地生存，没有其他收入来源的"不允许退出，但不到一年时间，有关部门就收到了 3000 多份退出申请。最终，受需求（插花安置移民数量）的限制，1718 户农户顺利退出。

（二）"三权"改革的经验

农村集体产权制度改革是一项综合性强，涉及面广，需要凝聚智慧，开拓创新的工作。各地在改革过程中都能按照有关法律、法规和政策文件的要求去做，规范稳妥，有序推进，不抢跑，也不拖宕。在产权改革过程中，既考虑了产权形成的历史背景，又考虑到农村发展的现实需要；既坚持依法办事，按政策行事，又充分发挥村民自治的优势。从上述各地的案例可以看出，"三权"改革是现阶段农村改革较为迫切的工作。通过明晰产权，确定权属，创新了集体所有制的实现形式。"三权"的权益确定后，农民处置权益就有了底，特别是满足了进城落户农民的实际需求。总结重庆梁平、浙江乐清、福建晋江和宁夏平罗等地的做法，可以得到以下六点经验。

第一，改革中把维护和保障农民的财产权利作为出发点和落脚点。土地承包权、宅基地使用权和集体收益分配权是农民在农村最大的财产权利，既要维护和保障他们的权益不受侵犯，又要使其财产权利保值增值，实现最大收益。土地确权，宅基地确权和集体资产股权量化改革是最重要的一个环节。只有把这些权益落实到农民自己手里，他们才会真正关心其增值增效，关心集体经济的发展壮大。

第二，"三权"转让基于农民自愿原则。在各地的实践中，自愿有偿是"三权"转让一贯坚持的原则。已经确立的农民权益要真正交到农民手里，就不能依靠行政命令加以干预。农民是否转让，何时转让，以什么价格转让，转让给谁，应由权益持有者自主决策。政府做的事情是制定规则，维护规则的严肃性，让农民在规则框架下做出自己的选择。只有实现了自愿转让，农民的权益才会得到保障，农民才能得到更多的财产收益。

第三，打破传统集体组织边界促进"三权"转让。"进城、离农"农户的"三权"转让，除了关注如何实现外，还必须考虑农户退出的农村土地连同房屋谁来承接、以什么价格承接。在农村人口持续向城镇迁移、集体成员人数不断萎缩的背景下，将受让人限制在原集体经济组织成员内部，就无法充分发挥市场发现价格的功能，也无法使农户上述权益的保障在增值层面有所突破。只有打破原有集体组织边界，让更多人参与土地退出交易市场，才能发现农村土地和房屋的真实市场价值，才能更好地保障进城农户有关权益、保障土地退出者的经济利益。

无论是重庆梁平的"进退联动"土地承包经营权转让，宁夏平罗为了安置生态移民而进行的"政府收储"，还是浙江乐清的农村房屋连同宅基地"跨村"交易，实际上都打破了原集体的边界。不难想象，如果没有经营大户、生态移民、外来经商人员等集体外部人员的参与，重庆梁平、宁夏平罗和浙江乐清的农户，即使有再强烈的"三权"转让意愿，也因不允许在更大范围内寻找能支付更高补偿价格的接盘者而被迫退出流转。

第四，"三权"转让要处理好成员资格的认定、成员权的内涵之间的关系。打破传统集体经济组织边界后的权益转让涉及成员资格认定以及成员权内涵的问题，这是集体所有制下无法回避的问题。这些地方实践都尝试着厘清如下问题：到底哪些人应该是集体成员？"三权"退出是否影响退出户的集体成员资格？作为集体成员又具有哪些权利？"三权"退出是否影响其他权利的获得？

退出"三权"后，如果原来的权益拥有者不再持有集体经济组织的任何权益，那么，该成员将自动失去集体经济组织成员资格。而转入者将因持有集体经济组织的权益而自动取得成员资格。集体经济组织的成员资格与其是否拥有权益有关。退出权益的农民，如果仍居住在该村，他仍是该村村民或居民，但不再是该村集体经济组织成员，不再享有与集体经济组织有关的权益。与习惯上的是一村村民就必然是该村集体经济组织成员、享有成员权的做法相比，这种认定方式更加清晰了成员权的内涵。

第五，政府积极稳妥地推进相关工作，是"三权"转让顺利实施的重要保障。政府采取各种措施，如平罗审核要求在城镇有固定职业和住房的农户，梁平的试点中已经确保退出农户拥有稳定的非农就业，乐清为受让人提供登记备案等，避免了退出方转让"三权"可能出现的各种社会问题，保证了受让人所获权益的合法合规性。

　　"三权"转让要发挥好市场和政府的不同作用。十八届三中全会提出，要"让市场在资源配置中起决定性作用"和"更好发挥政府作用"。在实践中，农村"三权"转让的实现方式，有的是政府主导，有的是政府支持下的市场行为。似乎无论是借助政府"有形之手"，还是市场"无形之手"都可以实现"三权"顺利转让，实际上是发挥了政府与市场的不同作用。

　　宁夏平罗的收储价格由政府制定，目的是确保完成生态移民目标。制定的"三权"退出补偿标准偏高，这一标准激励了更多的人有退出意愿，结果只能满足一部分人退出。梁平义和村的承包地转让、晋江砌坑村的宅基地置换和乐清房地"跨村"交易，主要交由市场来完成，让市场机制发现土地资源的真实价格。政府作为市场的"守夜人"，优势在于减少交易双方不信任、降低交易成本、提高转让契约的稳定性。在做好土地确权、房屋颁证等基础性工作后，政府应在户籍、土地、住房、养老等方面为退地农户提供公共服务，而不宜"既当裁判，又当球员"主导"三权"转让。

　　第六，制定可供选择的多种方案。农户分层分化是当前农村社会的重要特征，因此，不同地区、不同类型农户对"三权"转让有差别化的需求。由于农户的收入来源、经济状况、土地依赖程度等都有很大的不同，过于详细和"一刀切"的退出政策难以取得满意的效果。政策宜粗不宜细有利于处理退出过程中出现的各类复杂问题。例如，宁夏平罗县在实施收储式"三权"退出时把退出方区分为进城农户、兼业农户和老年农户三类。对于进城落户农户，以城镇社会保障、购房补贴等方式，鼓励其彻底永久退出全部农村承包地、宅基地并放弃集体成员资格；对于兼业农户，主要以现金补偿的方式引导其退出能够满足"插花安置"移民需要的部分承包地、宅基地和集体收益分配权；对于丧失劳动能力的老年农民，则通过提供养老服务方式，支持其以土地承包权、宅基地使用权等换取"退休"后的养老服务。再如，晋江又从"十户人家九户侨"的自身特点出发，将原集体经济组织的华侨和港澳台同胞列入流转对象范围。

（三）试点中存在的问题

农村土地承包权、宅基地使用权和集体收益分配权"三权"转让，是一个新事物，各地在试点过程中也存在一些问题。

1. 二轮承包期影响"三权"转让

农村联产承包制第二轮承包期为 30 年，大部分地方二轮承包将于 2027 年或 2028 年到期。十八届三中全会《决定》提出"稳定农村土地承包关系并保持长久不变"，但是"长久不变"的实现形式尚未确定，如何处理二轮承包和"长久不变"的关系，目前还没可供操作的政策。在"长久不变"落实之前，"三权"转让至少面临以下三个问题。一是超过二轮承包期的"三权"转让合同的法律效力问题。2005 年农业部制定的《农村土地承包经营权流转管理办法》和 2015 年中央农办、国土资源部、农业部等联合印发的《关于工商资本租赁农地监管和风险防范的意见》都强调，土地承包经营权"流转期限不得超过承包期的剩余期限"。超过承包期的合同不受法律保护。二是随着二轮承包期临近，土地承包经营权转让的价格将越来越低。在实际操作中，要么停止承包经营权转让，要么突破现有法律法规限制。三是在二轮承包期结束，开始下一轮承包时，如果集体经济组织成员权依然没有清晰界定的话，二轮承包期内已经有偿退出"三权"的农户，会否重新要求获得成员权，继而参与下一轮承包？

2.“三权”转让受让人的成员资格问题

如果“三权”转让的受让人是本村人，其在本集体经济组织的成员资格不存在问题，如果受让人不是本村人，其成员资格如何获得，目前还没有相应的政策。由于农村社区是典型的熟人社会，非集体组织成员的“三权”受让人获得土地权利和集体收益分配权后，一般难以彻底融入所在农村社区。实践中，各地的做法有明显差别：宁夏平罗的农村社区，基于对生态移民弱势群体的关怀，将其视为完全的集体组织成员，享有与其他村民一样的待遇；重庆梁平义和村则先让受让人户口迁入本村，取得本村集体成员资格，有权在承包合同期内承包土地和使用宅基地的权利，但也规定不能获得集体收益分配权；浙江乐清的农村房屋和宅基地使用权受让人，一般不会成为村集体组织成员，只拥有房屋和宅基地的使用权；福建晋江的华侨在原住村获得宅基地后，虽然村里将其视作村民，但他们并不享有完全的集体经济组织成员权利。考虑到华侨强烈的落叶归根情结以及他们对当地社会经济的贡献，允许他们参与原属集体经济组织的宅基地有偿转让。

3. 产权改革滞后影响进城落户农民的集体资产权益分配

进城落户农民尽管仍拥有集体资产权益分配权，但是，其权利难以实现，这与农村产权改革滞后有关。在集体资产股份量化之前，拥有的权益真正变为财富的渠道还不畅通。

4. 留在农村的人对进城落户农民拥有"三权"有一定的意见

主要原因是进城落户农民生活在城市，无法履行农村居民相应的义务，还要享受农村居民身份相关的待遇，权利与义务不对等。相当一部分农民认为，集体经济组织成员与户籍相联系，如果外出人员户口已经不在本村，且在外面有了稳定的工作（"吃国粮"），则不应该再保留土地承包权和集体收益分配权。但也有农民认为，应该给进城落户农民保留土地承包权，以便他们"万一在外面混得不好再回来"。对于宅基地，大部分农民都认为，无论是否已经在城里落户，都应该予以保留，毕竟"宅基地（连同其上的房屋）是他祖辈传下来的，是他自家的"。

三 深化农村产权制度改革，维护
进城落户农民"三权"权益

（一）城市化进程中的人口流动与财富流动

城市化进程中与人口流动相对应的财富流动应给予高度重视。要让进城落户农民放心进城，就要允许其带着"三权"进城，就必须依法维护进城落户农民的"三权"，支持引导其依法有偿转让上述权益，这是农村深化改革的重要内容，是维护集体经济严肃性的需要，有利于发展壮大农村集体经济和提高城镇化的质量。维护进城落户农民的"三权"，必须统筹安排农村土地制度改革、农村集体产权制度改革和乡村治理体制改革。

随着城市化进程的不断推进，进城落户农民的数量不断增加。2015 年底，我国城镇化率为 56.1%，按照户籍人口计算的城镇化率为 39.9%。"十三五"规划纲要提出到 2020 年中国常住人口城镇化率目标达到 60%，户籍人口城镇化率达到 45%，也就是在未来还要提高 5 个百分点。

目前，户籍人口城镇化率与城镇化率相差 16.2 个百分点，意味着城镇常住人口中约 2.1 亿人仍是农村户籍人口。到"十三五"末，这一差距缩小为 15 个百分点，但是相对应的农村户籍人口的总量并不少。他们既是城镇居民，在城镇居住和工作，同时，也是集体经济组织成员，在农村拥有承包地、宅基地和集体经济股权。

城市化的过程表现在人口方面就是居住在农村的人口不断减少，城市人口不断增加的过程。伴随着人口从农村向城市的迁徙，农村资金和财富也应相应地流向城市，从而实现资金和财富在城市的最优配置。居住在城市的人口得以创业和就业，转型得以实现。我国为人口流动提供了相对宽松的条件，而财富的流动仍有很多障碍和羁绊。进程落户农民关心他们在农村所拥有的集体财产能否随他们一起到城市来，因为这是他们作为集体经济组织一员应该享有的财产权益。这里一方面要维护他们原有的"三权"，另一方面通过有偿转让"三权"，使"三权"所对应的财产能与他们一起流向城市。

解决这两个问题涉及农村综合改革的几个方面。一是在坚持土地集体所有制的前提下，充分发挥这一制度具有的灵活性和包容性优势，通过土地制度改革，赋予集体经济组织成员更多的土地财产权利。依法保障农民土地承包经营权的用益物权属性。二是正确处理宅基地使用权和房屋财产权的关系，改革宅基地分配制度，在严格村庄规划的前提下，赋予农民更为灵活的转让宅基地使用权的权利。三是开展集体资产股权量化工作，探索集体经济的实现途径和发展壮大集体经济的体制机制。四是改革农村社区的治理方式，借鉴城市街道社区治理模式，让农村成为农业生产经营者、农村非农就业者和农村居民的居住地。

（二）厘清进城落户农民与集体经济组织的关系

依法维护进城落户农民的"三权"的前提是要厘清进城落户农民与他们原来所在的农村集体经济组织的关系。与农村改革之初相比，农村居民的成分已经非常复杂。住在农村的居民已不仅是世世代代生活在这个村庄的本地人了，还有来这里打工、做生意的外地人，以及从该村庄出去的，退休后回来养老的原居民，转业军人等。同时，也有一些村民长期在外地打工、生活，甚至已经在城市落户。农村不再是一个只有本地人耕作、居住和生活的封闭村落，而是一个开放的社区。

农民"三权"是农民作为集体经济组织成员所赋予

的财产权益。是集体经济组织成员所创造的财富，应该由所有成员所享有。离开集体经济组织的成员，虽然其身份发生变化，但是其离开之前所创造的财富不应因其离开而被剥夺。这是对劳动者劳动所创造价值的承认，也是我国分配制度的基本原则。

长期以来，我国集体所有权的实现形式处于模糊状态，集体成员创造的财富与成员个人的关联不清晰。因此，集体成员对集体财产的保值增值不关心，集体经济组织的管理者对集体资产的经营不上心，集体收益分配不顺心。因成员在集体中的权益没有量化，分配的依据不固定，往往在分配的时候出现矛盾，成员的积极性受到影响。长此以往，不利于集体经济的发展壮大。

集体资产产权改革的出发点就是厘清集体经济组织成员与集体资产的量化关系，明晰成员个人与集体经济组织的责任与义务，固化这种关系，便于在市场经济条件下实现资源的最优配置。固化了的成员与集体之间的量化关系，有利于发挥集体与个人的积极性，有利于资源的流动。也确保了集体经济组织成员退出后，其应有的财产权益不受侵害。

（三）通过土地制度改革创新土地集体所有制的实现形式

土地的重要性毋庸置疑。对于国家来说，是保证粮食安全、农村稳定、经济发展的重要资源；对于农民来说，是赖以生存、取得收入的最基本生产资料。随着经济发展，农业在国民经济中所占份额逐渐下降，农民来自农业的收入份额也在减少。土地对于国家的重要性更加突出，对于农户的重要性在降低。农户离开土地的条件越来越成熟。特别是已经在城市落户，主要收入不是来自土地的农户，离开土地对于他们来说只是能否保障土地权益的问题。

根基于传统农业和家庭经营的土地制度逐渐与现代农业发展不相适应。我国农产品生产成本长期处于高位，农产品价格上涨乏力，对农业生产的影响越来越显著。农地长期处于碎片化，影响了农业机械的应用和新技术的采纳，劳动力价格刚性上涨，直接影响了农产品价格。目前，土地对于进城落户农民已没有明显的利用价值，但是，在征地"补偿"远高于其他补偿的现实存在下，这些农户不得不理性选择宁愿撂荒土地也要紧紧握着对土地的承包经营权，去期盼——哪怕是盲目期盼未来可能出现的理想补偿。由于土地的真实价格无法由市场决定，对未来土地价值的误判不仅损害了进城农民的利益，也影响了土地利用效率，进而提高了发展现代农业的交易成本。

土地制度改革的方向应该是保障农民的土地权益，充分发挥市场在资源配置中的作用，提高土地资源的利用效率。现代农业所要求的现代技术的采用和现代生产方式的实现都以一定规模经营的土地为基础，这就要求土地制度能够适应这种需要，有利于降低适度规模形成的交易成本，有利于现代农业技术的采纳和使用，有利于生产方式的转变。因此，土地制度改革的方向应是有利于土地资源的流动和配置，有利于现代农业的发展，有利于农民土地财产的价值。

土地确权颁证是土地改革的基础性工作，做好了确权，农民的土地承包权益才有得到维护的基础。土地确权固化了拥有土地承包权的集体成员与土地之间的关系，土地集体所有制才找了一个实现的途径。所谓的土地集体所有制应该理解为拥有土地承包权的农民共同拥有土地的所有权。只有每一寸土地都落实了承包经营权的拥有者，集体才得以实现。承包经营权转让的同时也意味着土地集体所有的成员权的转让。没有土地承包经营权的农民，便不再是土地集体所有制下的集体成员。

土地承包经营权与集体成员的统一就解决了承包经营权流转中存在的成员权模糊的问题。拥有土地承包经营权的人，无论是否居住在本村，这一权益都不应该被剥夺，都应是法律所赋予他的财产权益。只有通过依法自愿有偿转让给了别人，他的权益的财产属性得以实现的同时，其土地集体所有的成员权同时丧失，有偿取得土地承包经营权的人自然取得成员权资格。这种处理方式既确保了土地集体所有制下成员权与承包经营权的统一，也维护了土地集体所有制的存在。

（四）农村集体经济组织成员权的再认识

什么是农民？在我国，农民有不同的含义。农民可以是一种职业，是从事农业生产的人，即农业从业者。农民也可以理解为在农村居住的人。我国的户籍制度区分了农村户口和非农户口，拥有农村户口的为农民。在一个村庄，户口在本村，居住在本村的人，就是本村的村民。而本村的村民也自然是本村集体经济组织的成员，这种习惯延续至今。

我国的土地制度脱胎于"政社合一"体制，农民一出生成为该村的村民，就自然取得该集体经济组织的成员资格，就可以无偿取得土地经营承包权，拥有宅基地使用权并取得集体资产权益分配权。同时，离开集体经济组织的成员也自然被剥夺上述权益。这种"户籍"决定资源权益的做法实际上是给予了农民"超公民待遇"，是计划经济时代的产物，已与市场经济体制不相容。

这种把一村居民等同于该村集体经济组织成员，即"村民即成员"的观念已经不适宜当前开放的农村，与农村经济多样化也不合时宜。在农村，经济成分已经多元化，除集体经济组织外，还有民营经济、合伙经济、股份制经济甚至外资，呈多种经济成分并存状态。农村居民也不仅仅是生于斯长于斯的本地人，外来人口也越来越多。我国已经开始了户籍制度改革，不再区分农业户口与非农业户口，以户籍论资格的做法也将不符合政策。

固守封闭村庄体系的传统做法，与市场经济的公平与效率原则不符，也不利于经济发展。因此，应该重新界定农民资格及其权益，改变传统的社员即成员，村民即成员的做法。应将村民的经济权益、社会权益和政治权益分置，改变一个人拥有一个权益，就必然拥有另外两种权益的习惯做法，居民按不同方式取得不同的权益。

经济权益。按照集体产权改革的要求，按照设定的基准时间，符合条件的集体经济组织成员，便拥有农村集体经济组织的经济权益，包括土地承包权、宅基地使用权和集体经济收益分配权。按照承包地确权、宅基地确权和集体资产股权量化的要求，将上述所有权益量化确权到有资格的集体经济组织成员个人。实行"生不增、死不减、可转让、可继承"。将"三权"的权益区分清楚，分开对待，之间没有必然的联动关系。一个人可以同时拥有"三权"，也可以只拥有"三权"中的一种或两种。拥有哪一种权益，就是哪种集体经济组织的成员。

社会权益。居住在农村社区的居民，享有该社区的社会权益。他们既可以是本村居民，也可以是外来居民，只要每年在该村居住半年以上，均为本社区居民。社区居民参与社区治理，享有社区公共物品的权利和义务，参与社区公共事务。

政治权益。本村居民有参与村民自治的权利，享有该村的选举权和被选举权。根据《村民委员会组织法》享有规定的政治权利。

（五）给进城落户农民赋权并依法保护其"三权"

进城落户农民是农民群体的组成部分，他们曾经参与了农村集体经济建设，集体经济的发展壮大有他们的贡献，理应享有集体经济发展的成果。土地承包经营权和宅基地使用权是法律赋予农户的用益物权，集体收益分配权是农民作为集体经济组织成员应当享有的合法财产权利。这些权益不应因他们现在居住地的变化而被无偿收回。根据不同人员拥有不同权益的原则，即使不是农村社区的成员，如果他们拥有集体经济组织的权益，也仍然是集体经济组织成员。

要赋予进城落户农民拥有已经取得的"三权"。在进城落户之前，如果该户的成员已经拥有土地承包经营权，进城落户后应赋予其继续拥有土地承包权的权利，那么，该户成员仍是土地集体所有制中的集体成员。不能以退出宅基地作为进城落户的条件，要维护进城落户农民所拥有的宅基地使用权。进城落户农民在进城落户前已经取得的集体资产产权也应该予以保留。应当明确，农民已经拥有的农村"三权"不能因其居住地的改变而被收回。

依照《农村土地承包法》第一章第五条规定，"任何组织和个人不得剥夺和非法限制农村集体经济组织成员承包土地的权利"。进城落户农民只要其拥有土地承包经营权，那么就不能剥夺和非法限制其权益。对于宅基地使用权，中共十八届三中全会提出"保障农户宅基地用益物权，改革完善农村宅基地制度"。中央全面深化改革领导小组第七次会议审议的《关于农村土地征收、集体经营性建设用地入市、宅基地制度改革试点工作的意见》指出，对宅基地制度改革的试点条件和范围要严格把关，不能侵犯农民利益，同时不得以退出宅基地使用权作为进城落户的条件。这都为维护进城落户农民"三权"权益提供了法律和政策保障。

四 支持引导进城落户农民依法
自愿有偿转让"三权"

（一）赋予进城落户农民在农村的合法身份

农民进城落户后，由于他们拥有本村的"三权"权益，所以仍应是该集体经济组织的成员。如果拥有土地承包权权益，则仍是以土地集体所有为基础的集体经济组织成员；如果他们拥有宅基地和房屋，仍是社区成员，拥有社区成员权的权益。如果没有宅基地和房屋了，且大部分时间不在本村居住，则不再拥有社区成员权，不再享有社区成员的权利和义务。如果他们持有集体资产的股权，则仍是集体经济组织的成员；他们的政治权益依照《选举法》和《村民委员会组织法》的规定予以确认，根据《选举法》第四条规定的"每一选民在一次选举中只有一个投票权"，如果确认在落户的城市，则在城市拥有选举权和被选举权，否则就在本村参加选举。

（二）进城落户农民"三权"有偿转让有法可依

《农村土地承包法》第十条指出，"国家保护承包方依法、自愿、有偿地进行土地承包经营权流转"。而流转的方式在第三十二条规定，"通过家庭承包取得的土地承包经营权可以依法采取转包、出租、互换、转让或者其他方式流转"。土地承包经营权的转让是法律允许的。十八届三中全会《决定》也指出，赋予农民对集体资产股份占有、收益、有偿退出及抵押、担保、继承权，保障宅基地用益物权，让集体土地真正成为集体成员可以拥有的财产。因此，法律和政策都允许进城落户农民可以依法自愿有偿转让其农村"三权"。

（三）有偿转让"三权"要依法打破村组的界限

农民自愿转让"三权"的一个重要前提是转让价格要符合预期，而价格是由供求关系决定的，供求关系与市场边界密切相关。市场由封闭到开放，供求关系就会发生相应的变化。如果转让的范围仅仅是本村居民，或本集体经济组织成员，那么，"三权"转让会因价格激励不足而无法实现。因此，支持引导进城落户农民依法自愿有偿转让其"三权"需要打破"三权"转让的边界，让市场为农民财产权的保值增值提供机会。

把农村"三权"转让的范围仅仅限定在集体经济组

织内部，既不符合法律规定，也不利于"三权"转让。为了让农民获得更多的财产权利，《农村土地承包法》第三十三条规定的土地承包经营权流转应当遵循的原则中，其中的一个原则是"在同等条件下，本集体经济组织成员享有优先权"。这也就意味着，非本集体经济组织成员也可以流转承包地。而同等条件应该是本集体经济组织成员与集体经济组织之外的人之间的比较，这实际上已经打破了集体经济组织的界限。但在实际工作中，多数地方都限制了向集体经济组织之外的人流转土地承包经营。

（四）宅基地使用权退出需要规划先行

在各地进行的宅基地使用权退出试点中，始终坚守的一个原则是维持宅基地总量的零增长或负增长，这与我国目前宅基地面积过大，超额划拨宅基地有关。宅基地退出要以村庄规划、村镇规划为基础，在规划的基础上制定农户宅基地退出机制。

《物权法》同样把农民宅基地使用权作为一种用益物权，规定"宅基地使用权人依法对集体所有的土地享有占有和使用的权利，有权依法利用该土地建造住宅及其附属设施"。法律并没有对宅基地的使用权年限做出限制，可以长久使用。宅基地使用权是具有排他性的、直接支配的占有权，是具有占有性质的物权，具有财产属性。因此，宅基地使用权的退出要以市场机制为主，在村庄规划的基础上自愿有偿转让宅基地使用权。政府要保护进城落户农民在宅基地有偿退出中的权益不被侵害，使宅基地的财产价值得以充分实现，从而为进城落户提供资金。开放宅基地受让人的身份限制，打破村庄界限和城乡界限，通过村庄规划和宅基地总量控制避免村庄的无序扩张。

（五）进城落户农民的集体收益分配权转让

进城落户农民的集体收益分配权与其拥有的集体资产股权相对应。集体资产股权量化到个人后，该量化的股权是取得集体收益分配权的唯一凭据。集体经济组织要制定灵活的股权转让规则，以提高集体资产股权持有者转让股权的收益。进城落户农民持有的股权允许全部有偿转让。放松对股权转让受让方的限制，允许非集体经济组织成员受让集体资产股权，受让股权成功后，受让人便成为集体经济组织成员。

五　结论及相关政策与法律修改建议

（一）各地实践积累了宝贵经验

各地在维护进城落户农民"三权"权益方面做了有益的尝试并取得了较好的效果。依法维护进城落户农民的"三权"，保障他们的权益不被侵犯，不把退出"三权"作为进城落户的条件是各地改革的共识。"三权"确权、量化是一项基础性工作，必须大力推进。在维护进城落户农民"三权"方面，各地均以不让其权益受损为出发点，以增加他们权益的财产价值为目的，以提高集体经济效率，提高集体经济组织收入为最终目标。在一定程度上都扩展了转让的市场边界，打破了集体经济组织内部的约束，过程是稳妥的，效果也是显著的。

（二）以系统化思维推进相关改革

维护进城落户农民的"三权"权益不是一个孤立的事件，而是一项涉及农村集体产权改革的重大系统工程，需要我们重新审视和探索集体所有制的实现形式。在城乡一体化快速发展的大背景下探索土地家庭承包经营制的内涵与实现方式。农村土地是农民的最大资产，土地制度改革要以完善家庭联产承包制，加速推进农业现代化为出发点，重视土地之于农民的财产属性，通过创新体制机制，让农民获得更大的土地财产收益。土地确权工作是一项基础性工作，做好这项工作对于土地制度改革至关重要。农民宅基地使用权是法律赋予农民的权益，也是农民的重要财产。

（三）以依法自愿为原则支持引导进城落户农民有偿转让"三权"

第一，要为转让"三权"提供法律和政策保障。第二，打破转让边界能够提高"三权"拥有者的财产收益，同时也提高了集体经济组织的价值和社会认可度，有利于发展壮大集体经济。第三，为进城落户农民提供在城市生活的公共服务保障，降低其进城落户的成本，有助于他们转让"三权"。第四，加快农村产权交易的基础设施建设。

（四）创新推进集体成员资格认定工作

与农村集体资产产权改革紧密相关的工作是改革传

统的"村民即成员"的习惯做法。按照经济权益、社会权益和政治权益分置的原则，不同的人拥有的权益不一样。如果一个人拥有土地承包权，不管他是否居住在该村，他都是土地集体所有制下的成员，也就是说，谁拥有土地承包经营权，谁就是该土地集体所有制的成员。同样，拥有宅基地使用权或房屋所有权的人，就是本村的居民，享有社会权益和政治权益，不管他是否拥有土地承包经营权或集体经济股权。在该村居住达到一定时间的人，不管是否拥有"三权"，他都应该享有宪法和法律赋予他的政治权益。通过对成员权益的确认，实现"政经分离"。

"政经分离"的改革不但不会把土地集体所有制改垮，反而更加坚持了土地集体所有制，是新发展阶段农村土地集体所有制新的实现形式。只要土地在，就有土地承包经营权的拥有者，集体就在，集体所有制就垮不了。可以预见，随着现代农业的发展，新型农业经营主体的培育，土地承包经营权转让的力度会不断加大，土地承包经营权拥有者的人数将会减少。

（五）积极稳妥扩大"三权"转让市场范围

随着我国市场经济体制的不断完善和发展，农村集体经济组织只有面向市场，参与市场竞争，才有可能发展壮大。开放的农村需要开放的思维，要敢于打破封闭的禁锢，发挥市场在农村资源配置中的决定性作用。只有拆掉农村的"围墙"，才能提高农村经济组织的效率，农民的收益才会改善。土地承包经营权的转让、宅基地使用权的转让和农村集体资产股权的转让都要突破本村或本集体经济组织内部的限制，要向市场要价格，让市场给集体经济组织估值。

（六）以二轮承包到期为节点完成相关改革

由于全国大部分地区二轮承包期在 2027 年或 2028 年到期，面临签署下一轮承包合同的问题。特别是，以后将实行家庭承包经营制长久不变，可以预见，下一轮承包所面临的难度更大，交易成本更高。为了避免这种情况的发生，应该加快农村产权制度改革的进程，二轮承包期到期之前，完成农村土地确权、登记、颁证工作，完成农村集体经济组织产权股份量化到人工作。按照集体经济组织成员资格认定办法和集体经济有效实现形式，完成集体经济组织成员权、农村社区成员权认定。以确权时点固化成员权资格，保护成员的集体财产权和收益分配权。通过建立农村产权流转交易市场，推动农村产权流转交易。下一轮承包以当时所拥有的权益大小为基准，签署长期承包合同。

（七）一些修法建议

通过立法、修法、出台政策来维护进城落户农民的"三权"并引导其依法自愿有偿转让。

第一，要通过立法确定集体经济组织的成员资格，法律认可的成员资格，可以按照《村民委员会组织法》和《物权法》享有基于成员资格的土地承包经营权、宅基地使用权和集体收益分配权。才能按照《物权法》第六十三条规定，"集体经济组织、村民委员会或者其负责人做出的决定侵害集体成员合法权益的，受侵害的集体成员可以请求人民法院予以撤销"，依法维护自己的权益。

第二，废止和修订已经出台的相关法律、法规和政策条文。例如，1981 年国务院发布的《关于制止农村建房侵占耕地的紧急通知》规定，分配给社员的宅基地，社员只有使用权，不准出租、买卖和擅自转让；2008 年住房和城乡建设部发布的《房屋登记办法》规定，"申请农村村民住房所有权转移登记，受让人不属于房屋所在地农村集体经济组织成员的，除法律、法规另有规定外，房屋登记机构应当不予办理"；2014 年 11 月中办、国办印发的《关于引导农村土地经营权有序流转发展农业适度规模经营的意见》指出，"以转让方式流转承包地的，原则上应在本集体经济组织成员之间进行"；2015 年 1 月中办、国办联合下发后经全国人大常委会授权的《关于农村土地征收、集体经营性建设用地入市和宅基地制度改革试点工作的意见》提出，进城落户农民自愿有偿退出或转让宅基地要在本集体经济组织内部；国务院 2015 年 8 月 24 日印发的《关于开展农村承包土地的经营权和农民住房财产权抵押贷款试点的指导意见》要求，"对农民住房财产权抵押贷款的抵押物处置，受让人原则上应限制在相关法律法规和国务院规定的范围内"。

第三，鉴于正在进行户籍制度改革，建议修改《村民委员会组织法》第三章中，按户籍对参加选举的村民进行分类，即"（一）户籍在本村并且在本村居住的村民；（二）户籍在本村，不在本村居住，本人表示参加选举的村民；（三）户籍不在本村，在本村居住一年以上，本人申请参加选举，并且经村民会议或者村民代表会议同意参加选举的公民"。改为按社区成员资格确认其是否有选举权和被选举权。

第四，《农村土地承包法》第十五条"家庭承包的承包方是本集体经济组织的农户"与《土地管理法》第三章第十五条"农民集体所有的土地，可以由本集体经济组织以外的单位或者个人承包经营，从事种植业、林业、畜牧业、渔业生产"不一致。建议将《农村土地承包法》第十五条改为"家庭承包的承包方可以是本集体经济组织的成员，也可以是本集体经济组织以外的居民，但土地承包合同生效后，自动取得集体经济组织成员权"。

第五，修订《农村土地承包法》第二十六条中，对迁入小城镇落户和迁入设区的市的不同对待，一律改为"承包期内，承包方全家迁入城市落户的，应当按照承包方的意愿，保留其土地承包经营权或者允许其依法进行土地承包经营权流转"。

案例

"进退联动"实现土地承包权有偿
转让：梁平经验

刘同山　任常青

一　梁平县土地承包权转让的基本背景

梁平县地处重庆市东北部，东邻万州区，西连四川省大竹县，地貌以山区为主，兼有丘、坝，有"三山五岭，两槽一坝"之说。梁平户籍人口约为93万，常年外出人口为32.4万，其中举家外出的农户比例约占10%。该县耕地总面积125.9万亩，其中家庭承包耕地98.1万亩，第一产业基础和资源条件较好，是国家可持续发展试验区、全国农村改革试验区、全国粮食生产先进县，有"中国名柚之乡"、"中国寿竹之乡"、"中国水禽之乡"等称号。2015年，梁平县城镇和农村常住居民人均可支配收入分别为26427元和11268元。农村人均可支配收入较上年同期增长1234元，同比增长12.3%。与重庆市平均水平相比，城镇常住居民人均可支配收入低

812 元，农村常住居民人均可支配收入高 763 元。梁平县现代农业发展迅速，农村居民人均可支配收入增幅连续两年领跑渝东北。

近年来，随着农民乡城迁移和传统农业转型发展，该县农地流转比例不断攀升。截至 2015 年 3 月，流转经营的农地面积为 48.8 万亩，占全县农村承包地面积的 50.3%。但是，受流出、流入双方的影响，农地流转纠纷和隐患也逐渐增多，影响了农业产业做大做强和农村经济转型发展。一方面，农户虽然愿意把土地出租，但担心流入方（业主）因经营不善而拖欠租金，甚至"跑路"，而基础设施建设部分难以复垦，会留下后遗症，影响自己的收益。另一方面，业主在发展现代设施农业时，也会担心农民中途毁约收回土地，或坐地起价，巨额投资可能会"打水漂"而不敢投入资金。

为了消除农地流转对农业产业化经营的不利影响，自 2014 年 11 月以来，梁平县开始按照中央精神，结合农民意愿，引导实施"进退联动"的农村土地承包权转让试点工作。

二　土地承包权转让的"进退联动"机制

土地承包权的转让，是在现有法律政策约束下的市场行为。其最终实现，是进入方、退出方、发包方和当地政府一致行动的结果。

（一）进入方、退出方及其需求

进入方：梁平县金带镇仁和村经营大户首小江

2014 年 3 月，农业产业化经营大户首小江考察发现，本县蟠龙镇义和村一组张家湾有一眼流量不小的山泉，非常适合发展冷水鱼养殖。因此计划投资 1000 余万元，将其建设成冷水鱼养殖基地，用以生产高附加值的鱼子酱。但是，与国有土地可以通过"招拍挂"获得使用权不同，农村土地属于集体所有，只能通过承包来获得使用权（承包经营权）。一般来讲，想要使用其他农户的承包地，需要通过经营权流转来实现。但是，由于投资金额大，项目回报期较长，如果以"N 年一付"租金的方式获得经营权，首小江担心农民中途毁约、到期不再续约或者"坐地起价"涨租金。为了打消投资顾虑、稳定产业经营，他需要获得这片土地的较长期而稳定的集体土地使用权。因此，如果能像其他农户一样，长久承包山泉边 12.8 亩农户的承包地和 2.2 亩集体荒地，那肯定是非常理想的方式。

退出方：梁平县蟠龙镇义和村一组 20 户农户

　　由于耕地细碎化严重，而且农业的比较效益低，与当地大部分一样，义和村一组的一些农户常年外出务工或者经商，村里的很多土地都已经流转出去，位置不好的甚至被抛荒。尽管大部分农户已经有稳定的非农收入来源，但如果没有相应的补偿，出于现实理性选择，他们会"占而不用、荒而不让"。对于冷水鱼养殖基地一期所需的 12.8 亩土地，涉及 20 户农户。义和村一组的一些农户表达了他们的想法。村民游世玲说："我们一家 3 口人，共有 0.8 亩承包地，山泉那边有 0.45 亩，全家人常年在蟠龙镇上做灯具生意，既不会也不愿务农了。家里土地没人种，撂荒近 10 年。如果能给一笔补偿让别人去种，那肯定比继续荒芜强。"在山泉边有自家 0.53 亩承包地的蓝家梅认为："那里地块偏远，还是河滩地，庄稼都长不出来，政府也不可能征用，能有偿退出当然是好事。"义和村支部书记陈世国说："原来这块地基本都撂荒不种了，没想到还能换一笔钱，大伙都挺高兴。"

　　需要说明的是，除了 20 户农户的 12.8 亩承包地外，一同交由首小江经营的，还有 2.24 亩集体荒地。这部分集体荒地原本并未发包，故不涉及农户承包权的转让问题。

（二）承包权转让价格与利益分配

土地承包权转让至少涉及集体经济组织、有关农户和经营大户首小江三方的利益。经过多次谈判，最后议定：首小江为项目一期需要使用的 15 亩土地，不论是农户承包地还是集体荒地，每亩统一支付 3.45 万元的费用；20 户农户自愿永久放弃所在地块共 12.8 亩的土地承包经营权，每亩一次性获得 3 万元的退出补偿；作为发包方和管理者，义和村一组每亩一次性分得 0.45 万元的收益，另外原本属于村民小组的 2.24 亩集体荒地的发包收益和首小江的 3000 元"入户费"，归村民小组集体所有，共计 13.79 万元。

另外，为了规避 2028 年前后二轮承包到期给首小江稳定经营带来的隐患，村民小组按照《农村土地承包法》第四十四、四十五条的规定，将首小江的承包认定为"其他方式的承包"，并约定承包期为 2015 年 11 月 30 日至 2065 年 10 月 31 日，差一个月 50 年。

（三）集体经济组织和当地政府的作用

农村集体经济组织，作为宪法规定的农村土地所有者，既是农户土地承包权退出的当然承接方，也是接受农户退出的土地后，再次将土地交由农民经营使用的发包方。因此，集体经济组织是承包权转让的天然中介、协调组织者和利益相关方。而作为基层相关业务管理方的县、镇政府有关部门，则在法律政策允许的条件下，为交易的达成提供了制度便利。

在首小江表达投资意愿后，2014 年 3 月，在县、镇政府有关部门的指导帮助下，义和村先开了村两委班子会议和一组村民代表会议。村两委和村民代表同意有关农户有偿退出承包地，然后退出的土地由首小江统一经营。由于需要连片退出，对不愿意退出承包权的农户，村集体将按照"面积不减少、质量不变差、额外给补贴"的原则，对其承包的地块进行调整。此后，村两委一方面多次组织村民代表与首小江协商土地退出价格，另一方面又平衡了土地所有方——村民小组和退出农户之间的利益分配问题。最后，义和村一组召开本组村民全体会议，决定将山泉旁的 15 亩土地，以承包的方式交由首小江经营。

由于《农村土地承包法》规定，土地承包限于本集体经济组织内部。为了更好地保护首小江的权益，村集体和当地政府准许首小江向村民小组缴纳 3000 元的"入户费"后，把其农业户口从本县金带镇仁和村迁至义和村，成为义和村一组的成员，从而拥有本组集体土地的承包权。2015 年初，梁平县蟠龙镇人民政府受理了李乾明等 20 户村民的"农村土地承包经营权变更登记申请书"。2015 年 11 月，梁平县农业委员会为首小江承包的 15 亩土地发放了"农村土地承包经营权证"。至此，梁平县义和村"进退联动"的土地承包权转让顺利完成。

三　"进退联动"承包权转让的作用

总结梁平县义和村承包地转让的"进退联动"经验，可以发现，为部分农户有偿自愿放弃土地承包权提供制度通道，至少具有以下四个方面的作用。

一是盘活了农村闲置的土地资源，提高了农业经营效率。在高速的城镇化进程中，与全国大部分农村地区相似，梁平县大量农业人口向城镇迁移，土地撂荒现象日趋严重。农地流转只是部分解决了上述问题。由于务农尤其是种粮的比较收益低，经营风险大，且地租缺少弹性，一些大户开始缩小经营规模。同时，对于发展现代设施农业的经营主体来说，只有获得土地长久的承包权，才能有"恒产、恒业、恒心"。因此，让离农者弃地、让经营者承包，有助于提高农地利用效率和农业经营效率。

二是促进了农村人口流动和"人地"资源的优化配置。梁平的经验表明,承包地"进退联动",不仅加快了退出者(比如义和村的游世玲)向城镇迁移的步伐,还为农民跨区域迁移提供了通道,在更大的范围内重置了劳动力(企业家)与土地资源的配置,从而可以推动农村经济发展。历史经验已经表明,正是有了清末山东、河北农民"闯关东"的移民运动,才唤醒了东北沉睡千年的黑土地,成就了东北"国家大粮仓"的重要地位。

三是实现了资金、技术、企业家等向农村回流,推动了农业转型发展。长期以来农村一直向城镇地区提供人才、资金等。这造成了农村人才的缺失和资金的缺乏,并影响了对新的经营理念和技术的采纳,导致传统农业向现代农业转变困难。梁平义和村通过让来投资的经营大户成为本村集体组织成员,留住了资金、引进了技术和企业家管理才能,发展规模化、现代化的高附加值冷水鱼养殖,有助于繁荣当地经济。

四是增加了农民收入和农村集体经济组织的收入渠道。有偿放弃农村承包地,直接增加了相关农民及集体经济组织的收入,比如村民蓝家梅家得到1.6万元退地补偿款，在蟠龙镇上做灯具生意的游世玲家则分到了1.35万元。通过实施承包地退出，义和村一组共获得13.79万元集体收益。有了这笔钱，集体经济组织可以提供更多社区公共服务。此外，还要看到，随着日后冷水鱼养殖项目的投产，当地留守的农民将有更多的就业机会，从而增加务工收入。

四　梁平土地承包权转让引发的思考

作为一个颇具前沿性又巧妙规避各种创新风险的土地制度创新，梁平县义和村"进退联动"式的土地承包权转让可以引发诸多思考。其中，以下三个方面尤其值得注意。

首先，农民转让土地承包经营权是否违法？

我国《宪法》第十条明确规定，"农村的土地，除由法律规定属于国家所有的以外，属于集体所有"，"任何组织或者个人不得侵占、买卖或者以其他形式非法转让土地。土地的使用权可以依照法律的规定转让"。可见，宪法赋予了土地使用权依法转让的权利。2003年施行的《农村土地承包法》规定，"国家实行农村土地承包经营制度"，"承包地不得买卖"。显然，这里的不得买卖是指承包地的所有权不得买卖（如果是使用权，则有违宪嫌疑）。而且该法第三十二条规定，"通过家庭承包取得的土地承包经营权可以依法采取转包、出租、互换、转让或者其他方式流转"。2004 年修正的《土地管理法》第六十三条规定，"农民集体所有的土地的使用权不得出让、转让或者出租用于非农业建设"。而用于农业用途，根据有权机关发布的《土地管理法释义》是允许的。

可见，承包经营权作为一种使用权，《宪法》、《农村土地承包法》和《土地管理法》都允许其转让，只是不得转让用于非农建设。

其次，承包经营权是否只能在集体组织成员内部转让？

《土地管理法》第十五条明确规定，"农民集体所有的土地，可以由本集体经济组织以外的单位或者个人承包经营，从事种植业、林业、畜牧业、渔业生产"。其前置条件是"必须经村民会议三分之二以上成员或者三分之二以上村民代表的同意，并报乡（镇）人民政府批准"。《农村土地承包法》则在第四十八条对其他方式的承包做出规定，要求"由本集体经济组织以外的单位或者个人承包的，应当对承包方的资信情况和经营能力进行审查后，再签订承包合同"。

可见，上述两个法律都允许非本集体经济组织成员承包本集体所有的土地。只是2014年《关于引导农村土地经营权有序流转发展农业适度规模经营的意见》（中办发〔2014〕61号）提出，"以转让方式流转承包地的，原则上应在本集体经济组织成员之间进行"。

上述政策意见，让梁平县义和村土地承包权转让时，为了减少创新风险，必须费一番周折，通过"农迁农"的方式——就像农村婚嫁一样，将进入方（首小江）认定为本集体组织成员。由于农村集体经济组织的成员一直以来都是随着婚丧嫁娶不断变动的。梁平的经验也表明，在当前的法律框架下，将承包权转让限定在本集体经济组织内部，并不太具有实际约束力。

最后，国家应如何看待土地承包权转让行为？

尽管十八届三中全会已经提出，"让市场在资源配置中起决定性作用"，但当前仍有一些人出于某种原因，担忧甚至抵制市场化改革。他们认为给予农民更多土地权利，不利于集体经济做大做强，甚至会损害农村土地的集体所有制。梁平县义和村以实际反驳了上述观点。原本已经严重弱化、虚化的义和村集体经济组织，通过承包权转让获得了 13.79 万元的集体收益。有了资金，集体经济组织为成员提供服务、进一步壮大集体经济才有了经济基础。此外，还应该看到，无论是义和村的成员，村组两级集体经济组织，还是进入方（首小江），都有强烈的承包权转让需求。可见，允许土地承包权转让，既可以提升经济效率，强化集体经济组织的作用，还可以增加社会福利，而且不会损害"集体所有、家庭承包"的农村基本经营制度。因此，减少对土地承包权转让的束缚，为部分农民自愿有偿转让土地承包权提供合法的交易通道，无疑是一种可以增加全社会福利的帕累托改进。

农田改造引发的农地权利转让：镇江做法

郜亮亮　任常青

一　镇江"万顷良田建设工程"基本情况

万顷良田建设工程，是江苏省国土厅以国土资源部土地增减挂钩为原则，根据江苏省委、省政府加快城乡统筹发展的要求，结合江苏实际推行的一项重要举措。2009 年以来，镇江新区以破解"保护耕地、保障发展"两难命题为突破口，以创新土地利用方式和转变发展方式为主线，在全省范围内率先试点"万顷良田建设工程"，因地制宜组织实施农村土地综合整治和农民集中安置居住，努力探索具有开发区特色的城乡一体化发展新路径和新模式。

镇江新区"万顷良田建设工程"土地整理总规模为 5.59 万亩，涉及丁岗、大路和姚桥 3 个镇，18 个行政村，84 个自然村，需拆迁农户 8529 户、25348 人。工程竣工后可新增耕地 4445 亩，调出建设用地 8277 亩。工程总投资约 55 亿元，其中安置区建设约 48 亿元，土地整理和其他配套工程投资约 7 亿元；分 4 个项目区建设，建设周期为 3 年。工程自 2009 年 7 月正式获江苏省国土资源厅批准实施以来进展顺利，目前已完成拆迁量的 98.6%，完成土地整理 4 万亩，总面积 160 多万平方米的平昌新城安置区基本建成，已安置群众 3536 户、8417 套。

二　土地承包权自愿有偿转让情况

镇江万顷良田项目涉及很多农村耕地。该项目在尊重承包经营权农户意愿的基础上，在二轮土地承包期内，将承包地全部交由村集体经济组织、村民委员会或村民小组，然后依托镇（街道）农经站设立农村土地流转服务中心按照"依法、自愿、有偿"的原则将土地发包给各类经营主体，从而实现规模化经营。

流转土地在保持农用条件下实行下面两种补偿方式；当流转土地被征用后，按照《镇江市征地补偿和被征地农民基本生活保障办法》规定，对被征地的人员进行安置补偿，停止下面两种补偿。

（一）流转型补偿，即承包户领取流转租金

农民每年领取 850 元/亩的土地流转补贴，并建立周期性的流转补偿增长机制。2010 年起按照 850 元/亩，建立周期性的流转补偿增长机制，原则上每 3 年增加 50

元/亩。如遇粮食价格大幅上涨时，另行制定临时价格补贴政策。人均土地较多的（3 亩以上）农户一般选择这种补偿。

（二）保障型补偿，即承包户以经营权换保障

经营权换保障是指承包户以土地承包经营权换取一定的生活保障。具体程序如下：

1. 建立农村集体土地数据库和农业人口统计台账，确定经营权换保障的地籍状况和人员身份。农村集体土地面积、类别由国土资源部门依据土地流转前地籍变更调查资料进行核定，并在当地村民小组张榜公示无异议后建立台账。农业人口统计台账由本区域村民小组统计填报、村民委员会汇总张榜公示，经镇人民政府会同当地公安派出机构审核确定，实行动态管理，并由镇人民政府分别报新区社会保障部门、国土资源部门和公安部门备案。历次征收土地已进行征地补偿安置人员，户口在农村集体经济组织的国家机关、事业单位（包括参照事业单位管理的）在编、退休或离职人员以及享受企业职工基本养老保险待遇的退休、退职人员，不计入农业人口统计台账；其余户口在农村集体经济组织的人员统一纳入农业人口统计台账。户口在校的大中专生，国家取消统分后大中专生毕业

后户口迁回人员，部队士官，劳教服刑人员，购买户口的现户口属原居住地派出所人员，经集体经济组织接纳的挂户人员，统一纳入农业人口统计台账。

2. 经营权换保障人员名单确定后，以 2013 年 1 月 1 日为限，参照《镇江市征地补偿和被征地农民基本生活保障办法》（镇政规发［2009］8 号）规定，将参加生活保障的农业人员分为 5 个年龄段，年龄段确定后不再调整，生活补助费、养老金参照镇江市被征地农民基本生活保障标准执行，并随之同步调整。

为了同时达到"效率"与"公平"目标，"经营权换保障"将农户按照年龄分成五类，然后进行不同的补偿标准：

（1）第一年龄段为 16 周岁以下，一次性领取生活补助费，标准为 8000 元。到达第五年龄段时，按月领取养老金。

（2）第二年龄段为男 16 周岁以上至 40 周岁、女 16 周岁以上至 35 周岁，从实行生活保障的当月起，按月领取生活补助费 250 元，期限为两年；到达养老年龄时，按月领取养老金。

（3）第三年龄段为男 40 周岁以上至 50 周岁、女 35

周岁以上至 45 周岁，从实行生活保障的当月起，在到达养老年龄前，按月领取生活补助费 140 元；到达养老年龄后，按月领取养老金。

（4）第四年龄段为男 50 周岁以上至 60 周岁、女 45 周岁以上至 55 周岁，从实行生活保障的当月起，在到达养老年龄前，按月领取生活补助费 239 元；到达养老年龄后，按月领取养老金。

（5）第五年龄段为男 60 周岁以上、女 55 周岁以上，从实行生活保障的当月起按月领取养老金 420 元。

以上所称"以上"均包含本数，以上年龄段划分以 2013 年 1 月 1 日为界限，生活补助费、养老金标准均为 2012 年标准，今后生活保障待遇参照镇江市被征地农民基本生活保障标准执行。

3. 经营权换保障人员死亡后，可一次性领取丧葬抚恤费，终止保障关系。领取生活补助费、养老金人员死亡后，发放死亡时 6 个月养老金标准的丧葬抚恤费；领取流转费人员死亡后，发放死亡当年每亩流转费标准 2 倍的丧葬抚恤费。

三 宅基地使用权自愿有偿转让情况

对转让宅基地使用权农户的补偿与大多数地区的拆

迁安置补偿类似。镇江主要有两类补偿：一是房屋货币补偿安置，对于选择货币安置的拆迁户按照一定标准发放补偿金，并一次性付给6个月的临时安置补助费；二是产权调换——统建房安置。被拆迁人选择产权调换的，在建设拆迁产权调换房（统建房）中予以安置。统建房的优惠价建筑面积按宅基地补偿面积乘以70%计算，被拆迁人在产权调换房交付时，按有关规定结清产权调换房屋款与被拆迁房屋补偿款的差价。

四　相关思考

镇江万顷良田项目涉及的土地实际上有两种退出机制，一种是耕地被征用后，以领取安置补偿的方式退出。这是其他地区也常见的退出机制。另一种是耕地依然农用的情况下，以领取一定数额的租金补贴或者社会保障方式将地交给集体以租代征。

无论如何，一个重要经验是必须核实台账，即核实土地和相关人员的范围和资格认定。所以，土地承包权、宅基地使用权、集体收益权的自愿有偿转让都必须以土地确权和集体成员资格认定为基本前提。

另外，镇江万顷良田项目之所以能够实施，一个重要原因是当地非农就业比率极高——据我们调研约95%

以上，即使如此，镇江依然出台很多政策积极提供免费就业技能培训、组织专场招聘会、送岗位进社区等一系列帮扶措施，全面推动农民向产业工人、职业农民以及三产服务业等领域转型。

以提升土地利用效率为目标的宅
基地退出：晋江经验

郜亮亮　任常青　刘同山

一　基本情况

晋江地处福建东南沿海，因西晋永嘉年间，中原百姓躲避战乱南迁，据江居住而得名。陆域面积 649 平方公里，海域面积 957 平方公里，海岸线长 121 公里。1992 年撤县设市，辖 13 个镇、6 个街道、391 个行政村（社区），户籍人口 110.8 万，外来人口 130 万。2014年，GDP 完成 1492.8 亿元，增长 9.8%；财政总收入198.02 亿元，增长 8.33%，县域经济基本竞争力位居全国第五位。

晋江"人稠山谷瘠"，自古有"造舟通异域"的创业冲动，促使晋江人逐渐走向海外，"十户人家九户侨"是晋江最大的特色之一。祖籍晋江的华侨、华人和台港澳同胞 200 多万人，素有"海内外 300 万晋江人"之称。这一点对宅基地制度改革有一定影响。

2015 年 2 月，晋江市被国土资源部列为全国农村宅基地制度改革试点。为此，课题组于 2016 年 3 月赴晋江对此进行深入调研。截至目前，《福建省晋江市农村宅基地制度改革试点实施方案》已经获批，试点工作顺利进行。目前是试点的第二个阶段——推进阶段，主要包括开展试点调查、规划修编、政策研究制定、宣传动员以及组织实施，这项工作拟在 2016 年 6 月完成；第三阶段是全市开展阶段，逐步向全市铺开。

晋江市农村宅基地制度改革内容包括 5 个部分：完善农村宅基地权益保障和取得方式、探索宅基地有偿使用制度、探索宅基地自愿有偿退出机制、完善宅基地管理制度和同步推进其他配套改革。本调研报告以"探索宅基地自愿有偿退出机制"为主线梳理相关做法和经验。

二　宅基地自愿有偿退出探索

无论是从晋江的实际出发，还是从国家的现实考虑，以宅基地退出作减量是严守耕地红线、防止农村无序扩张、提升城镇化水平、推进市民化的重要举措。调研发现，晋江主要从两方面开展退出：一是探索农村宅基地零增长甚至负增长的机制。这是晋江宅基地退出的一个总基调。二是对于已拥有宅基地又自愿退出的，或者放弃宅基地申请权的，在尊重农民意愿基础上，赋予其申请城镇保障房的权利，或补贴购买城镇商品房。

（一）基础工作

为了保证宅基地自愿有偿退出能顺利实现，晋江市扎实推进了如下基础性工作：

1. 确地

任何产权的退出都以产权清晰为前提条件，为此晋江市首先开展了以宅基地确权登记颁证为核心的系列厘清宅基地产权工作。①启动农村地籍和房屋调查。制定了《晋江市宅基地和集体建设用地使用权确权登记发证方案》，作业队伍已进村入户。投入 1680 万元，进行全市 1∶500 地形图修测更新，摸清土地利用现状。②推进不动产登记工作。已完成职责整合和不动产登记系统研发。9 大类 52 小类登记业务完成定制。成立"一局一中心"（不动产登记局和不动产登记中心）。完成了职责整合、不动产登记系统的研发、业务定制。办公场所正在改造，设有 20 个不动产登记窗口；在金井镇、磁灶镇也设立受理点，可实现窗口前移、就近服务。③开展确权登记。经初步统计，目前晋江市已登记发证的农村宅基地为 10.4747 万宗，占符合发证条件宅基地总量

（11.3363 万宗）的 92.40%，占农村宅基地总量（17.8938 万宗）的比例为 58.54%。④探索建立集体土地（宅基地）价值评价体系，编制集体土地基准价格，为宅基地流转奠定基础。

关于确权中历史问题的处置。①处置依据。以某个时间点的影像图为依据，时间点前后，分类处置。②处置原则。一是以处罚为主，尊重历史、尊重现实，务实推进确权登记工作。二是严守底线，包括绿线、紫线、蓝线、耕保等，这些一定不碰。对一些尽管不符合规划，但先于规划实施的已有农宅，允许确权。三是探索实行有限权利登记，对不同情况在登记时分类设定权利。

2. 定人

农村集体经济组织成员资格界定是推进农村集体产权，特别是股份权能改革的重要基础。晋江市率先在泉州市出台农村集体经济组织成员资格认定指导意见。该意见对成员的资格取得、资格丧失、特殊人员认定等做了较详细的说明。《意见》明确了尊重历史、照顾现实、程序规范、群众认可四大基本原则，对本意见之外的其他情形，由村集体经济组织召开会议民主决策通过。《意见》强调要准确把握政策界限，结合户籍关系、居住状况、土地承包及义务履行等情况，在具体认定过程中要兼顾各类群体的利益，特别注重保护外嫁女、入赘婿、移居海外人员、服刑人员、丧偶和离婚妇女等特殊群体的利益。《意见》在资格认定方面，强调要防止违背现有法律法规规定，既要坚持少数服从多数原则，又要防止借村规民约非法剥夺或损害少数人的合法权益。

3. 建信息系统

为了规范和加强农村宅基地管理，合理利用土地资源，切实保护耕地：①"一张图"工程。晋江市国土资源局推进"一张图"工程。开发国土资源一体化应用平台，集成批、供、用、补、查全业务，整合了 15 类基础数据、400 多万页电子档案，实现"以图管地"。在年度变更调查基础上，对历年地籍档案扫描入库，共整理12.4 万多宗。②宅基地管理审批系统。在一张图基础上进一步建立了农村宅基地管理信息系统，其中包括农村宅基地信息审批和无权属来源证明危旧房屋就地改建的土地权属认定两大业务。通过系统可以实现快速检索，实现对每一宗用地土地利用现状、土地利用总体规划情况、违法用地情况、是否处于地质灾害易发区、是否符合"一户一宅"政策等情况进行并联审查，再汇总上报市政府审批。全流程电子备案，有案可查，各环节进度一目了然，大大提高了审批效率及透明度。③不动产登记系统，已经完成调试，可以直接调用房地数据库，今后将会和宅基地审批系统结合起来，对人均建筑面积超规定的，严禁以分户名义申请宅基地。④产权交易平台。整合资源，把农村产权、资产纳入统一交易平台，目前所做的主要是宅基地转让这块，今后可以与农业部门进行系统对接。

（二）宅基地有偿退出机制

1. 建立宅基地流转机制

①明确流转方式（内部转让、出租、入股），严格设定流转条件和程序，严禁囤积炒作农村宅基地、小产权房建设，防范流转风险。②关于宅基地转让范围的问题。宅基地转让对象还是遵循集体经济组织内部流转的原则。但考虑到晋江是著名侨乡，"十户人家九户侨"。对台优势明显，血脉相连。华侨、港澳台同胞爱国爱乡，对晋江乃至福建的发展做出了不少贡献。原集体经济组织也有强烈的要求，要将华侨的根留住，部分华侨也有强烈的落叶归根情结。考虑地方的特殊性，对原集体经济组织的华侨和港澳台同胞应列入流转对象范围内。通过村

民自治、尊重村民意愿的方式，尝试有偿使用宅基地。

2. 建立"一中心一平台"

建立农村产权交易中心和产权交易系统，产权交易中心挂靠不动产登记中心进行挂牌流转。交易中心主要负责收集、发布各类农房流转、抵押登记及各类相关信息，提供政策咨询等服务。建设农村集体资产产权流转交易信息管理系统，探索将宅基地使用权流转与农户承包土地经营权、集体林地经营权、农村经营性集体资产等产权流转，纳入统一的交易平台。实现农村产权流转的公平、公正、公开、规范运行。

3. 探索多种形式宅基地退出

①在自愿、有偿前提下，引导农民退出或放弃申请宅基地，其他政策待遇保持不变。目前方案主要有两种方式，一种是可优先申请保障性住房。准备利用存量剩余安置房源，鼓励群众用宅基地换安置房。另一种是在城镇购房时予以补贴。同时，结合晋江市农村集体产权制度改革，在集体产权股份化改革过程中，对退出宅基地、放弃申请宅基地的农民，以适当增加股份份额的方式予以补偿。②对规划区内的18个城中村片区进行统一改造，宅基地实行七个换。一是换货币：实行土地、房

屋分别计算，合并结算。二是换安置房：持有《房屋所有权证》，按照载明的住宅建筑面积1∶1置换；未持有《房屋所有权证》的，三层以下部分按1∶1置换，三层至六层按1∶0.7置换，其余0.3按货币补偿，七层及以上部分不予置换面积，给予货币补偿。三是换股权：按照土地补偿款份额参股。四是换店面：房屋换一层店面一般按照1∶0.3比例置换，换二层店面一般按照1∶0.7置换，换三层店面按照1∶0.8比例置换，或者可安置住宅折算成货币后照顾购买。五是换商场：房屋换一层商场一般按照1∶0.3比例置换，换二层商场一般按照1∶0.7比例置换，换三层商场按照1∶0.8比例置换，或者可安置住宅折算成货币后照顾购买。六是换SOHO：一般按照1∶0.9至1∶1置换。七是换写字楼：一般按照1∶0.9至1∶1置换。

4. 探索集体土地收储机制，形成常态化的退出模式

①针对当前宅基地退出遇到报批烦琐、零散退出无法产生规模效益、村财情况不一等问题，在保留土地集体性质、保障村集体优先回购权、实行市场指导价原则下，仿效国有土地管理，建立农村集体土地储备中心，在保障村集体经济组织优先回购权、保留土地集体性质

的前提下进行管理、利用。借鉴重庆地票，对有意愿退出的，予以收储，零星补充耕地再捆绑立项，进行增减挂。②这种运作模式主要有四个优势：一是在筹资渠道上，政府可以利用储备中心向上级申请专项资金，也可向银行申请贷款，引入社会资金等来筹集资金，同时也能对资金来源进行层层把关，防止恶意工商资本下乡；二是在土地管理上，可将退出的宅基地收入储备，进行总量上的把控，降低管理成本，还可实行市场保护价，保障农民的权益；三是在土地利用上，可将零散宅基地聚集到一定规模，通过对农村居民点整理、闲置宅基地整治，化整为零，实行规模化利用；四是在土地运营方面，可由储备中心、集体组织、金融机构等合作开发，中心可为农村住房等农村产权抵押融资提供担保服务，村级组织也可组建担保组织，建立以自有住宅反担保的社区互助性融资模式，形成"利益共享、压力共担"。

（三）宅基地综合整理开发

宅基地退出后必然面临高效利用问题，即宅基地的综合整理开发问题。晋江目前的主要做法有以下几种。①置换模式。参照城中村、城郊村改造，探索不同区域，宅基地换货币、换安置房、换股权等置换、退出方式，实现建设用地结构调整。②集体土地收储模式，对有意愿退出的，予以收储，零星补充耕地再捆绑立项，进行增减挂钩。③成片整治模式，对成片闲置、废旧宅基地统一收回然后进行复垦。通过规划、盘活废旧宅基地、旧村改造，来满足群众居住要求、满足配套要求。④田园风光模式。借鉴上海郊野公园，在保留基本农田、自然风光的前提下，对周边村庄进行整理开发，在保障居住需求和做足配套前提下，进行增加挂钩或者发展特色农业、壮大集体经济。以上四种模式将重点在试点村探索实践。⑤将宅基地使用权纳入集体经营性建设用地流转中。农村发展需要巨额资金，除了财政的投入，还要靠融资。而土地就可以成为很好的融资工具。晋江在这方面积极探索，他们在尊重农民意愿、符合规划、不从事商品房开发的前提下，把节约的宅基地与农村其他集体建设用地捆绑流转，获得了融资成功。有的是农民出宅基地、城里人出资金，联建房屋；有的是宅基地换房，把宽裕房屋拿来出租；也有的集体经营，委托管理，壮大集体资产；还有的是把节约的宅基地置换成集体经济股份，年终获取红利，比如采取合作社、养殖农产、农家乐等；还有的用宅基地和房产做抵押，从银行贷款建房，政府出资成立担保公司。

（四）改革试点首推村：内坑镇砌坑村实践

1. 基本情况

砌坑村位于福建省泉州晋江市西北部思母山下，距镇区 5 公里，距城区 20 公里，西接国道 324 线并与南安官桥镇接壤；西北有御临山也叫思母山；北与后坑村相连；东与磁灶镇前尾村相接；南与潭头村相接。政府驻地内坑镇御里路 1 号。截至目前，全村人口 3979 人，951 户，旅居菲律宾、印度尼西亚、马来西亚等地约 300 多人，定居香港、澳门的有 100 多人。耕地面积 1447 亩（其中水田 697 亩，农地 750 亩）。村里姓氏为尤。被评为"晋江市最美乡村"。

砌坑村自 2006 年起就开始施行宅基地有偿退出，并进行统一规划、建设和安置，以实现高效利用。因此，被晋江市选为农村宅基地制度改革试点首推村，现已初步完成村级规划编制，积极开展各项工作。

2. 成立村民理事会

为了妥善解决改革试点中的相关问题，砌坑村成立了村民理事会。全体村民代表表决通过了内坑镇砌坑村村民事务理事会成员名单，推选理事会成员共计 36 人。

理事会的成立标志着砌坑村作为全市农村宅基地制度改革试点首推村，改革进入正式实施阶段。村民事务理事会具体负责配合编制村庄规划、审核宅基地申请、监督村民建房、调处矛盾纠纷等十项工作。"理事会在政府和村民之间形成了桥梁和纽带，把政府的号召变成自觉行动，形成了改革的强大动力"。

3. 出台相关改革办法

2016 年 3 月 5 日，村民理事会召开第三次村民事务理事会暨农村地籍和房屋调查动员会，会议表决通过了《内坑镇砌坑村农村集体经济组织成员资格认定办法》《内坑镇砌坑村宅基地有偿使用办法》《内坑镇砌坑村宅基地退出、流转办法》三个办法。

目前砌坑村正在根据这些办法开展地籍和房屋调查工作。农村地籍和房屋调查工作目的在于全面查清农村范围内包括宅基地、集体建设用地的权属、位置、面积、地上建筑物、构筑物等基本情况，为农村土地确权登记发证工作提供基础资料，有助于明晰产权，维护农村村民权益。

该村已设立宅基地信息管理中心、安装村里高层建筑全景监控，防止违建。此外，村里正实施的旧村改造二期，建设农民住宅小区，改革试点工作取得初步成效。

（五）面临的问题

1. 退出难问题

退出问题，困难较多，除了因为农村情况复杂外，比如风水、祖宅、群众意愿不高等问题外，还在于缺乏利益驱动，缺乏激励机制。首先是钱从哪里来的问题，其次是收回宅基地能干什么的问题。从旧房拆迁到土地平整、环境整治、基础设施建设，都需要巨大的资金投入，农民的积极性也需要大量的土地补偿资金来调动。如果没有充分的资金支持或者一套资金自求平衡的机制，宅基地退出工作将会困难重重。

2. "一户一宅"问题复杂

"一户一宅"在实际操作过程中难以把握。对于"户"的认定，没有明确的界定，经常会出现分析、合并、继承等情况，衍生出"一户两宅"、"一户多宅"等情况。"一宅"也不单指一座房子，也有可能是一座房子中的一部分（比如以前农村很多兄弟，只有一座房子，在析产的时候，经常有一人分得其中几个房间的情况），正是因为"户"和"宅"的多样性，导致在历史遗留问题的处置和审批中的条件设定尚需进一步的考虑。比如，在宅基地继承上，晋江认为在坚持"一户一宅"的前提下，对继承取得的宅基地，应该引导其有偿退出。

3. 各类规划合一难度大

调研中发现，规划是宅基地高效利用的重要保证。但是村级土地规划和村庄规划各成体系，各有依据，一个是发展型的，一个是管控型的，要融合，技术层面、法律层面都有一定障碍。部门之间、群众之间，很难形成高度共识。晋江认为，一个村不能编制两个规划，只能编制一个规划，应该抛开体制、制度的障碍，实事求是，站在农民的角度来编制村级规划。

三　相关思考

晋江正在宅基地制度改革方面积极探索，取得了较好的成绩，但也面临着巨大挑战。总的来讲，改革的基本前提是厘清当前的土地权属关系，以合理界定集体成员资格为核心确定分配关系。调研发现，一条基本经验是在尊重农民意愿的前提下，充分发挥村民自治对各类复杂矛盾的解决智慧，以政府适当的引导为契机，充分发挥市场机制对土地资源的配置作用，最终实现各类利益诉求和谐共赢。

以"跨村"交易实现农村宅基地退出：
乐清样本

刘同山　任常青

一　乐清农村房地"跨村"交易的基本情况

乐清是温州市代管的浙江省辖县级市，东与台州市玉环县隔海相望，是"温台模式"的主要发源地和我国市场经济发育最早的地区之一。乐清市现有户籍人口128万，传统意义上的农业人口116万，占总人口的90%以上，人均土地面积0.32亩。由于人多地少且经商氛围浓厚，当地绝大部分农民都已不再务农，而是成为在全国乃至全球发展的大小商人。乐清是全国百强县，2015年其城镇常住居民人均可支配收入为46352元（全国为31195元），农村常住居民人均可支配收入为24891元（全国为11422元），都远高于全国平均值。随着当地工商业的蓬勃发展和城乡一体化加速，近年来，乐清市农村房屋和宅基地"房地一体"的"跨集体经济组织"交易现象日益普遍。

为了优化利用农村资源，获得经营发展资金，很多从事商业经营的乐清农民，都有抵押甚至转让自家农村房屋的实际需求。自1986年乐清为农村房屋办理产权登记以来，经政府备案的农房自愿有偿转让开始零星出现。至2007年底，经乐清市住建局登记备案的农房转让累计达88起。此时，无论是当地农村集体经济组织成员，还是城镇居民，甚至是户籍为其他省市但在乐清经商的居民，理论上都可以购置有房屋产权证的农村房屋并可以在住建局登记过户。不过，2008年住房和城乡建设部发布的《房屋登记办法》规定，"申请农村村民住房所有权转移登记，受让人不属于房屋所在地农村集体经济组织成员的，除法律、法规另有规定外，房屋登记机构应当不予办理"。受此影响，乐清市的农村房屋转让暂停。

但是，市场有强烈的农村住房转让需求。虽然政府不再备案过户，当地民间自发的农房转让仍然十分盛行。受温州市有关文件和农房抵押政策的鼓舞，2009年7月，乐清市委（2009）4号文件再次放开了农村房屋转让，"对持有集体土地使用权证和房产证的农村房产，允许在市域范围内农业户籍人口间转让"。不到半年时间，已有 206 起农房转让交易在住建局登记备案。此后，乐清市的农房交易迅速发展，2010 年增加至 383 起，至 2016 年 2 月底，乐清市已累计完成 7185 起农村房屋交易，转让面积达 115.73 万平方米。其中仅"十二五"期间，就有 5409 起农村房屋转让在乐清市住建局进行了登记备案。

上述农房转让数量，是经住建局登记、备案和过户而完成的转让交易。实际上，这只占当地农村房屋转让交易的很小一部分，大量的农村房屋转让并没有经过政府部门。据乐清市农办副主任蔡永固估计，全市已达成的农房转让交易估计约有 3 万宗，其中近 80% 未经住建局登记过户。不过，随着《物权法》的实施、物权理念的深入人心和当地农村房屋所有权登记工作的推进，农村房屋有证交易的比例正在上升。目前，新增的农房转让有证与无证交易约各占一半。

二　乐清农村房地"跨村"交易的具体做法

按照是否需要经住建局登记、备案和过户，乐清市的农村房屋跨村转让，可以分为"政府参与的"和"民间自发的"两种方式。尽管两种方式都建立在农村房屋和宅基地"地随房走、房地一体"的基础上，但其具体做法有明显区别。

（一）政府参与的农房跨村交易

在 2015 年以前，农户转让自家的房屋，除了需要拥有房屋所有权证和受让方为本市农业户籍人口之外，还需要出具非唯一住房确认书、不再申请宅基地承诺书、村集体出具的非唯一住房证明和同意转让的证明等材料。农民住房转让需缴纳契税、营业税等税费（总税率约6.3%），还要向农民所在村缴纳基础设施配套费，每宗0.5 万—1.2 万元不等。

考虑到当地的户籍制度改革和浙江 2016 年 11 月将在全省范围内把农业户口和非农业户口统一为居民户口，为了简化交易、符合社会发展需要，2015 年底制定的《乐清市集体土地范围内的房屋登记办法》规定，农村房屋所有权转让登记，除有正式交易合同外，还需要提供：①房屋所有权证；②完税凭证或减、免税凭证；③房屋所在地村集体经济组织同意转让的书面材料等。不再要求受让方必须为农业户口、提供不再申请宅基地承诺书、出让方提供非唯一住房证明等。

当然，只有合法拥有"两证"——集体所有建设用地使用权证和《建设工程规划许可证》或《乡城建设规划许可证》，并提供房屋测绘报告的，才能申请房屋所有权初始登记、获得所有权证进而转让。如此一来，违法违章建筑，无法申请房屋所有权证，也就不能经由政府登记、过户。

（二）民间自发的农房跨村交易

借助政府完成农房交易，一方面要求农房不能是违章建筑，另一方面还要求受让人拥有本地农业户口、缴纳税费等。但很多农村旧房改造时"少批多建"，成了违章建筑，而且很多想购置农房的人并不是当地农业户口。为了达成交易，让违章建筑和更多卖方人参与交易，一些农房交易采取了通过中间人私下签订"卖契"的方式完成。比如在"中国电器之都"乐清市柳市镇，成立于1990年的"柳市房产"的老板郑巨敏指出，无证农房的交易占公司交易量的近一半，为此该公司专门设计了被称为"卖契"的格式合同。"卖契"内容如下：

"立卖契人×××，因另有发展，征得共有人同意，自愿将坐落在乐清市虹桥镇××路×号混合结构三层一间，情愿折价卖给×××为实业，日后任凭买方自行过户及管业享用。卖方应提供日后过户时一切有效证件及复印件，并协同买方办理过户手续。"接着，"卖契"描述所售物业的组成，特别标明"地基一概在内"，且无其他权利纠葛。再下来，是双方议定的成交价格，加注"价款随契收讫无存"，"永后不找不赎，双方情愿，永不反悔。恐后口说无凭，特立此契，永为存照"。最后签字前，是小字抄录的卖方房产证的信息，包括产权证号、建筑面积以及四至。落款签字画押的，包括卖房人和共有人，以及"见中人"（房产中介老板）。

当地的其他房地公司在农房交易居间服务时，做法也大致如此。在注重契约精神的乐清地区，习惯法得到了良好运行，因农房买卖产生的纠纷非常少。

此外，值得一提的是，乐清有一些村庄很欢迎外地人到本村投资、购房、落户。比如常住人口 2400 人的街口村，约有四五百人来自其他村庄，其中 200 多人已通过"跨村"买房在街口村落户。为平衡各方利益，村两委规定，在街口村落户的外村人，除不享受村集体经济组织的收益分配权、土地承包经营权外，其他权利和义务与原住村民相同。

三　对乐清农村房地"跨村"交易的两点思考

（一）农村住房连同宅基地"跨村"转让是乐清经

济发展和城乡一体化的必然要求

作为我国市场经济的前沿阵地，早在 20 世纪 90 年代，温州"弃农从商"的人们不断流向柳市、虹桥、大荆、乐成等镇，使上述区域迅速发展为经济中心和人口集聚区。农村房屋交易，让民营经济在乐清生根发芽并不断壮大，从而进一步吸引人口和资金的流入，最终形成了四大经济片区。因此，农房跨村交易，既是乐清民营经济蓬勃发展的产物，也是其基础支撑，反过来促进了当地经济发展。认识到这一点，就不难理解为何乐清宁愿违反住建部的《房屋登记办法》，也要坚持农房"跨村"交易。虽然乐清市经政府管理的农村住房交易已有很大规模，但大部分交易仍游离于正式市场之外。尊重地方的创新实践，提高改革的包容性，从国家层面上给予乐清更多创新空间，可以加快地区经济现代化进程，进一步激发经济发展潜力。

（二）农村房屋连同宅基地"跨村"交易是推进农民住房财产权抵押贷款试点工作的应有之义

2015 年 12 月 27 日，全国人大常委会法律授权国务院，在天津市蓟县等 59 个试点县（市、区）行政区域，暂时调整《物权法》、《担保法》关于集体所有的宅基地使用权不得抵押的规定，开展农民住房财产权（连同宅基地使用权）抵押贷款。乐清市是农民住房财产权抵押贷款试点县之一。试点工作的关键问题是，一旦抵押贷款人经营失败，无法偿还贷款，银行等金融机构能否顺利处置农民住房。如果按照国务院相关指导意见，抵押物原则上只能在集体经济组织内部处置的话，银行作为债权人，既然无法获得抵押物的充分处置权，自然也不愿接受农村住房抵押贷款。要真正破解农村贷款抵押物缺乏的问题，避免"改革空转"，必须允许农村住房连同宅基地"跨村"交易。

集体资产股权量化：浙江宜一村

任常青　邰亮亮

浙江省苍南县宜一镇宜一村早在 2004 年就完成了集体资产股权量化改革，是全国开始集体资产股权改革比较早的村之一。宜一村的股改工作比较成功，因为股改顺应了村集体经济发展的需要，解决了股改前存在的一系列不利于村集体经济发展的矛盾。改革后，村集体经济发展壮大，社员收入增加，效果显著。

一　股改的动因

2004 年，宜一村集体经济发展已初具规模，但是，也面临着以下一些问题：一是村民对集体经济的认识不足，认为集体经济发展是村干部的事情，与自己无关，对村集体资产的经营管理不关心。二是村干部经营村集体资产，经营好坏与自己的利益不挂钩，村干部自己没有风险，有了损失都是集体的。三是集体收益分配有难度，有钱分不掉。让村民享受集体收益，但是，按什么标准分，如何分？往往是分一年，吵一年，年年吵。上述问题的存在不利于村集体经济的进一步发展，必须进行股改，分清责任和利益，成立股份经济合作社，按照现代管理方式进行集体资产的经营管理。

二　主要做法

股改的方向是将经营性集体资产量化股权到人、到户，把集体资产落实到成员身上。这是一项复杂的工作，因此提出"宜粗不宜细"的总体思路。特别是成员资格认定，因农村家族观念比较强，如果太过细致了，会引起更大的矛盾。因此提出了"两个兼顾"，即兼顾集体和个人的利益，兼顾大户和小户的利益。不能只顾个人，不考虑集体，不能为了个人利益，而牺牲集体经济的发展和效率。确立了"三个原则"，即坚持有法依法原则、坚持有政策按政策原则、坚持没有法律依据和政策规定的按照少数服从多数原则。

股改工作共分四个程序，亦即四个步骤。第一，资产登记评估程序，对全村集体资产进行评估作价；第二，家庭户与人口统计程序，按照制定的原则逐户进行人口登记；第三，制定通过各项决议程序，特别是无法可依，无政策可循的，要经村民讨论通过；第四，股改资料备案程序。

确定以 2004 年 10 月 1 日零点为基准点。制定了《宜一村集体资产改革分户规定》，经全体村民投票一致通过。按照分户规定核实每户的人口基数。

全村经营性集体资产总值为 3000 万元，采取村委会占 30% 的股份，社员占 70% 的股份进行分配。采取以户为基础，以人口为基数的分配方法，每户的基础股份是 2 万元，每个人口分 7000 元。现在集体留的 30% 的股份已经全部分给了新增的人口。

例如，一个五口之家，可分得的股份为：

户基础股份：按每户 2 万元，分得 2 万元。

按人口股份：按每人 7000 元的标准，五口人为 3.5 万元。

这样，该户更分得 5.5 万元的股份。

三　股改的成效

实践证明，宜一村股改是成功的。股改每项制度都以高票通过，没有出现一例群众因分配不公吵闹或上访的现象，股改工作顺利完成，成为苍南县乃至温州市首个成功完成集体资产改制的村。股改成效显著，集体经济发展迅速。股改时全村每年的总收入只有 242 万元，到 2015 年，总收入达到了 940 万元。村集体资产的出租收益成倍增长，例如，村里的幼儿园房产，以前的租金是每年 20 万元，现在则达到了 200 多万元。

村集体经济壮大后，村民共享了集体经济发展的成果。2014 年户均分红 1 万元，加上节日的福利，平均每户一年可从集体分到 1.3 万元的收入。

村里设有低保补助和廉租房，在全国都是走在前列的。村里的五保户每年的补助可达 1.8 万元，过上了小康生活。村里给村民办理了养老保险，女的从 35 周岁，男的从 40 周岁开始交保费，每年 6000 元，村里和个人各交一半，交够 15 年即可领取养老金，村民没有了养老的后顾之忧。

股份经济合作社从 2004 年成立以来，资产从 3000 万元增加到现在的 2 亿多元；集体收入从 242 万元增加到 940 多万元。

附一：宜一村集体资产改革分户规定

经村民代表会议决定，凡 1982 年户籍关系在本村，目前户籍关系仍然在本村的农业户口（包括以前非产户）才能符合此次立户要求，立户条件如下：

1. 每一个独子户（包括独女户），不管几代同堂均作一个家庭户。

2. 两个儿子以上（包括两个）的家庭户，其中一个儿子已成家，可另立一户。其父母跟随未成家儿子再另立一户；两个儿子以上均已成家，其父母不再另立户，采取本人意愿和儿子的意见，落实到儿子户下。如其祖父母仍健在的，采取本人意愿落实到儿子或孙子的户下。

3. 已出嫁但户口关系未迁出的出嫁女纳入其父母或兄弟户下，不能单独另立户。

4. 已办理离婚手续但户口未迁出的离婚妇女及其抚养子女不能分立两户，仍按原来的家庭户不变；对离婚后又再婚，新婚妻子的户口也已迁入本村的可立一户，前妻及其抚养子女的户口如未迁出的也可另立一户。

5. 夫妻双方有一方农业户口，有一方为非农业户口的，只能立农业户口的一方为户（包括子女）。

6. 对已结婚但妻子及其子女户口暂时未迁入本村的，也作一个家庭户。

7. 单身、孤寡老人及子女户口不在本村的老人仍按一个家庭户计算。

本规定最终解释权由宜一村村民委员会负责。

注：以下几种对象可补份额：①劳改劳教回乡对象；

②退伍回乡军人；③在校大学生毕业后没有安排正式工作单位，且户口迁入本村的；④已婚未迁入或新生儿未申报的。

附二：宜一村集体资产股份制改革实施步骤

实施步骤	主要工作	具体要求	备注
第一阶段 筹备阶段	1. 研究集体资产改革方案 2. 成立集体资产改革领导小组	1. 召开村两委会议，拟决定对集体资产进行改革； 2. 召开党员、村民代表会议，通过集体资产改革方案； 3. 选举成立村集体资产改制工作领导小组	公示领导小组名单
第二阶段 调查摸底	1. 宣传动员 2. 登记集体资产 3. 统计家庭人口情况	1. 领导小组对全村经营性集体资产进行登记造册； 2. 对全村人口进行逐户登记（包括在校大学生、服兵役人员、劳改服刑人员）	公示户与人口名单
第三阶段 通过各项决议	1. 集体资产评估 2. 确定集体股份与村民股份比例 3. 确定村民户与人口分配方案	召开社员户代表会议： 1. 表决通过对集体资产评估数额，集体股份与村民股份比例； 2. 表决通过对户口截止日期、分户规定； 3. 表决通过户与人口股份分配方案	公示户口截止日期
第四阶段 量化实施	1. 集体与村民股份分配 2. 村民户与人口分配	1. 按村集体30%股份，村民70%股份比例分配； 2. 按每户若干万元，每个人口三分之一量化分配到户	公示量化到户股权
第五阶段 总结备案	1. 成立村股份经济合作社管委会 2. 颁发股权证 3. 整理归档备案	召开社员或社员代表会议： 1. 选举产生村股份经济合作社管理委员会； 2. 通过股份合作社章程； 3. 颁发社员股权证； 4. 登记注册合作社； 5. 整理股改相关材料，做好归档备案工作	挂牌经营运作

农村"三权"一揽子退出：平罗个案

刘同山

一 平罗"三权"一揽子退出的基本背景

平罗县地处宁夏回族自治区北部，北望内蒙古乌海，距离宁夏首府银川 50 公里，是西北的鱼米之乡，有"塞上小江南"之称。近年来，随着农户向城镇转移，当地农村土地流转比例持续增加，农村空心化情况也日益明显。据平罗县农改办主任顾自军介绍，本县农村约有35%左右的房屋长期闲置。为了进一步激发农村经济社会活力，自 2010 年以来，平罗县先后明晰了集体土地的承包经营权、宅基地使用权和农民房屋所有权等多项权属，走在全国前列。2015 年初，平罗县成为经全国人大常委授权的 33 个农村土地制度改革试点。至 2015 年 9 月，全县农村房屋确权登记率、集体荒地承包经营权颁证率已达 100%，集体耕地承包经营权、宅基地使用权颁证率分别达到97.2%、96.0%。2016 年 3 月，平罗县又成为全国 59 个农民住房财产权抵押贷款试点县之一。

正是在这样的背景下，宁夏回族自治区平罗县利用先行先试的有利条件，结合区域经济发展和本县的实际情况，对农村土地承包经营权、宅基地使用权、农民住房等有偿转让进行了多方面的积极探索，积累了宝贵的经验。

二　平罗农村权利"一揽子"退出的主要做法

（一）结合自治区的生态移民工作，实施农村土地和房屋收储

为了落实自治区"插花安置"[1] 西海固生态移民的工作要求，结合自治区为每户移民提供 12 万元的安置资金和本地农村房屋闲置、耕地流转普遍的现实，2013 年初，平罗县先后制定了《农民宅基地、房屋、承包地收储参考价格暂行办法》、《农民集体土地和房屋产权自愿永久退出收储暂行办法》，并由县人民政府出资 500 万元设立农村土地和房屋退出收储基金[2]，启动了农村土地和农民房屋收储以及集体经济组织的收益分配权退出政策。

---

[1]　所谓"插花安置"，是指不对生态移民集中安置，而是采取"大分散、小集中"的策略，利用多个目标村庄现有的闲置房屋（大分散），配套一部分耕地后，将移民分散填充进去，并尽量让移民在某个村庄集中（小集中）的移民方式。

[2]　其中土地承包经营权退出收储基金 300 万元，宅基地和房屋退出收储基金 200 万元。待生态移民插花安置后，超过 12 万元安置资金的费用，再由收储基金补充。

其主要做法为：

（1）参照自治区 2010 年的征地补偿标准，结合当地近三年土地流转均价，根据地理区位和土地质量（肥瘦），将全县 13 个乡镇分为三类区域，并将同一区域的承包地收储价格分为三个等级。对于一、二、三等级承包地的每亩收储价格，一类区域分别为 600 元、500 元、400 元；二类区域分别为 550 元、450 元、400 元；三类区域分别为 450 元、350 元、300 元。农户二轮承包的土地（A 类）收储价格每年递增 5%，垦荒获得的集体土地（B 类）不享受收储价格上浮。承包地退出总补贴 = 每年的补贴标准（含递增的 5%）×第二轮承包期剩余的年限。

（2）按区位确定标准面积宅基地的收储价格为 1 万元、9000 元和 8000 元三个等级（城关镇为第一等级；黄渠桥镇等 6 个乡镇为第二等级；高仁乡等 6 个乡镇为第三等级），标准面积为 270 平方米（约合 0.4 亩）。超出标准面积的部分，以庭院经济用地收储，价格为 1 万元/亩，且最高不超过宅基地价格的 40%。对未取得使用证的宅基地及其超标部分，收储价格下浮。

（3）按照建造年限和建筑结构，明确农村房屋收储价：2010 年以后建造的砖木结构，外墙贴瓷砖的，收储价格上限为每平方米 700 元；2010 年之前建造的或未取得所有权证的房屋，折价收购。具体折价比例由退出农户、村集体和政府有关部门协商确定。

（4）退出土地和房屋的农户，需放弃村集体组织资源、资产、资金的收益分配权，村集体组织一次性给予退出补偿。补偿金额 = 当年人均分配额 × 第二轮承包期剩余的年限。

原则上，退出农村土地必须以户为单位，同时退出承包地、宅基地、房屋和集体股份收益权，并彻底放弃集体组织成员身份，即永久性彻底退出。不过，后期受收储资金的限制，平罗县也允许农户在满足生态移民最低要求的同时，施行家庭部分成员按比例退出农村土地和集体股份收益权。至 2015 年 9 月，平罗县已收购 1718 户农民的宅基地和房屋，收购耕地总计 8650 亩，插花安置移民 1174 户。

（二）考虑老年农民的养老需求，创新农村土地和房屋退出安排

面对农村劳动力老龄化日益严重的现实，为探索解决农民的养老问题，考虑到插花安置结束后的农村土地

退出，2014 年 6 月，平罗县制定了《老年农民自愿退出转让集体土地和房屋产权及社会保障暂行办法》，为老年农民自愿退出土地承包经营权、宅基地使用权和房屋所有权"三权"提供制度出口。

除退出补偿标准参照插花安置并同样要求退地农民放弃集体成员身份外，在老年农民退出农村土地和房屋时，平罗县还做了一些特殊规定，比如：（1）与子女拥有同一宅基地使用权和房屋所有权的老年农民，可以只退出承包经营权而保留宅基地使用权和房屋所有权。（2）老年农民是户主身份的，必须经家庭二轮承包时所有共有人和村集体经济组织同意，方可退出所有农村产权；是共有人身份的，土地承包经营权的退出面积按照共有人人均占有面积折算。（3）老年农民退出的耕地可以一次性转让，也可以用流转获得的收益缴纳养老金，退出的宅基地可以通过复垦或转变为集体经营性建设用地，流转交易后置换养老服务。

作为试点，平罗县把灵沙乡胜利村、头闸镇邵家桥村两个闲置的小学改造为农村养老院，为退出农村土地和房屋的老年农民提供养老服务。至 2015 年 8 月底，试点养老院改造工程基本完成，胜利村的养老院已有 60 多位老人报名。

如果说与插花安置配套的农村土地及房屋收储政策影响的是家庭成员在城镇有稳定职业和固定住所的进城农户（户的整体概念），那么以农村"三权"换取养老服务式的土地退出，主要针对的则是已经或即将丧失劳动能力且难以向城镇迁移的需要社会提供养老服务的农民个体。总之，为解决老年农民"离农弃地"后的养老等社会保障问题，平罗县在政策允许的范围内，进行了很多创新。

（三）鼓励集体组织成员内部交易，尝试农村土地的集体组织回购

考虑到土地收储作为插花安置工作的配套政策可持续性较差，且老年农民"以地养老"短期内难以普遍化等问题①，平罗县在 2015 年 4 月启动的新一轮农村改革试验工作方案中，提出了探索建立农村土地承包经营权、宅基地使用权、房屋所有权"三权"在集体经济组织内部自愿转让和村集体收储的农村土地退出机制。比如，头闸镇西永惠村的家庭农场主王进孝从本村农户手中购

---

① 受传统"养儿防老"观念的影响，并且考虑到"面子"问题，有子女的老年农民参与"以地养老"的积极性不高。

买了两处闲置的宅基地作为制种梅豆的晒场。一些财务状况较好的村集体经济组织，在县委县政府的号召下，正积极尝试回购农民的承包地和闲置宅基地。对于在政府规划保留村庄内回购的宅基地和房屋，村集体可以以等价置换的方式，用于安置村庄规划区外的农户。对村集体经济组织回购后全村整建制退出得到的土地，复垦后按照城乡建设用地增减挂钩政策，置换城镇建设用地指标，在县域范围内统筹使用。

三　农村权利"一揽子"退出面临的挑战

任何改革尤其是农村土地制度改革不可能一蹴而就，需要在改革过程中解决各种困难。平罗县的土地退出试验面临的挑战主要体现在四个方面。

一是政府收储的不可持续性。前述平罗县的做法表明，最初开展农村土地退出和政府收储工作，其主要目的是解决生态移民的插花安置。可以想象，如果没有自治区政府为每户移民提供的12万元安置资金，平罗县显然没有能力安排近1.5亿元资金搞农村土地退出收储。当后期移民计划接近完成时，县里便只收购农户的部分承包地也佐证了上述观点。那么，随着2015年生态移民工作的结束，平罗县这种"借船出海"的收储式农村土地退出，将难以为继。

二是政府行为与市场机制的衔接性。正是认识到政府收储式退出的不可持续和不能普遍推广，平罗县在2014年尝试引入了市场机制，形成了"政府补贴＋企业运营"的老年农民以地养老的农村土地（及住房）退出模式。但老年农民的参与积极性不高，实施一年多的时间只有几十人报名，表明政府、市场双轮驱动的以地养老式土地退出改革仍然存在问题，需加快完善。2015年4月，平罗县开始通过"三权"在集体经济组织内部交易，促进部分成员退出土地。这无疑朝着市场化方向迈出重要一步。但平罗县尚没能配合上述改革设计出更为有效的市场交易机制，主要是对当前业已存在的农村宅基地和房屋买卖行为的一种接纳。因此，如何更好地衔接政府和市场两种资源配置机制，为部分有意愿、有能力的农户退出农村土地提供制度激励，是平罗县下一步改革面临的重要挑战。

三是退地价格的确定及其合理性。农村土地和房屋是农民最重要的资产，如何确定退出价格涉及农民的切身利益，进而决定了改革的群众基础。在政府主导的土地收储或以地养老模式下，退出承包经营权的补贴（收益）由第二轮承包期剩余的年限和当地近三年的土地流转均价（地租）共同决定。且不考虑以地租作为对价标准是否合理，以第二轮承包剩余的年限为收益期间，就明显存在一些问题——随着第二轮承包期的临近，追求最大化收益的农民可能会等第三轮承包后再退出，而这会抑制农民的土地退出意愿。允许集体组织成员内部进行"三权"交易，虽然可以通过市场机制发现退出价格，但由于交易仅限于集体组织成员内部，卖方不能在更大范围内寻找更高报价者，显然不利于保障退地者的利益。当然，按照"有偿自愿"的退出原则，给予退出的土地任何价格都有其合理性，但价格偏低，显然会束缚改革的能量。

四是兼顾改革的平稳性与彻底性。为避免出现无家无业又没有社会保障的城市"流民"，平罗县为彻底退地的农民制定了重新承包保障办法——村集体预留收储土地的20%作为机动地，对确实无法在城市生活而想回村务农的原村民，经批准按照协议退回补偿款后，可再次承包不大于原面积的土地。这种"反悔机制"，可以减少改革的政治风险，有很强的政策创新意义。不过，这一做法也留有隐患——随着地租的上涨和第三轮承包期开始（收益期间变长），农村土地退出的预期收益将明显增加，原先"弃地进城"的农户就有可能绕过政策的前置条件，拿起"弱者的武器"，利用反悔机制，要求重新承包农村土地。可见，如何处理好平稳性与彻底性的关系，需要平罗县在推进改革时深入思考。

四　进一步思考与讨论

农村人口与农村土地的"人地分离"，既是城镇化的动力，也是城镇化的结果。宁夏回族自治区平罗县的试验探索，不仅让人们对农村土地退出有了直观的感受，也为继续深化农村土地制度改革提供了广阔的思考和讨论空间。

（一）进一步思考

平罗县农村土地退出改革试验表明，一方面，部分农民有强烈的土地退出需求，为其退地提供制度出口有利于农民市民化和农业现代化。尽管平罗县在实施农户退地时设置了严格的退出条件，在短短一年多的时间里，仍有3000户农户提交了申请。最终受插花安置移民的数量限制，只有1718户顺利退出了农村土地及住房。我们于2014年7—9月对冀、鲁、豫三省九县（市、区）779份农民问卷调查也发现，过半的受访者（55.2%）愿意把自家的承包地出租 30 年以上，4.5% 的受访者家庭曾有过宅基地交易经历，愿意把承包地、宅基地卖掉的比例分别为 21.7% 和 45.9%。这表明，农民对农村土地的依赖程度已经变弱，相当一部分农民愿意以各种方式有偿放弃农村承包地和宅基地。另外，考虑到当前全国外出务工的农村劳动力多达 1.68 亿人，其中举家外出者占 21.3%。与农户举家向城镇迁移对应，目前传统农区约有 30% 村庄有空心化问题。因此，在农民的土地财产权利逐步强化的背景下，按照中央精神，为部分农户有偿退出农村土地提供制度安排，既可以使其更好更快地市民化，还有助于解决农村空心化问题。

另一方面，农村土地依然承担着农民养老、就业等作用，从社会保障着手是开展土地退出工作的有效方法。毋庸讳言，与城镇居民相比，我国农民工的社会保障水平非常低。国家统计局发布的《全国农民工监测调查报告》显示，2014 年全国农民工参加养老保险、失业保险、医疗保险的比例分别只有 17.6%、16.7% 和 10.5%。因社会保障缺乏，对大部分进城农民而言，农村土地和住房仍然有很强的生活生存保障功能，是他们城镇化失败的退路。平罗县的经验表明，以承包地换取养老服务的"人地分离"模式迎合了部分老年农民的需求。这与我们在冀、鲁、豫调查时，有67.9%的受访农民愿意用承包地换取养老保险等工资性收入有相似的政策含义。因此，如果政策目标是让部分进城农户退出农村土地，那么借鉴法国、日本等曾实行的"农民退休制度"，为农民尤其是老年农民提供更多的社会保障就是一个行之有效的政策工具。这也是前几年很多地区曾尝试承包地换养老保险的重要原因。

（二）讨论

根据农民享有的农村土地权利从多到少，有以下三个层面的问题需要讨论。

首先，是否给予农民土地所有权，允许农村土地自由交易。很多经济学家尤其是产权经济学家认为，给予农民土地所有权可以有效激发穷人资产中的潜能，从而提高经济效益。但也有学者发现，土地市场的易变性也给经济增长造成了不稳定性，加剧经济波动，而且土地交易会加剧农户间的不平等，对提高土地资源利用效率和农业专业化的作用也不明显。既然理论上没有一致结论，不妨看看农民的态度。据我们在冀、鲁、豫的调查，主张承包地和宅基地自由买卖的受访农民比例分别为

25.8%和51.0%，但是对于用承包地或宅基地抵押贷款，持支持态度的受访者比例分别为66.1%和71.4%。这既表明农民对承包地和宅基地有不同的权利权能主张，也表明当前"渐进式"赋权的农村土地制度改革（而不是更激进的私有化）符合农民的主张。当然，考虑农民的意愿，先将宅基地处置权给予农民，应该成为一种政策选择。

其次，若限制农村土地交易，可否适度突破集体组织边界。在集体所有、农民承包且经营的旧体制下，农民属于一定的"集体"，集体的土地边界及产权边界也是村民、村庄及村组织的边界。但是，农民进城、土地流转引发人地关系重构，传统封闭的村庄和集体组织的边界日趋模糊。据2014年7月联合国发布的《世界城镇化展望》，2050年我国将会再增加3亿城镇人口，大量的农村人口将"弃地进城"。若不突破集体组织边界，随着集体组织成员持续减少，进城农民退出的承包地、宅基地和住房等，谁来承接、如何承接、以什么价格承接都将成为问题。这不仅会阻碍农民的"人地分离"和乡城迁移，还会束缚农业规模化经营和新型经营主体成长。由插花移民家庭对口承接进城农民退出的土地，并将插花移民纳入迁入地的村集体组织，平罗县在实施农村土地退出时，实际上突破了集体经济组织的边界。如果改革追求的是劳动力和土地配置的效率，那么在农村人口乡城迁移和村庄撤并的大趋势下，设置一些前提条件（比如要求达到一定的居住年限和经营规模等），适度打破集体组织边界就有其必然性。

最后，若暂不打破集体边界，如何更好地实现成员内部交易。虽然打破农村集体组织边界，只是一个行政问题，不存在法律上的困难——就像农村婚嫁之后需要调整集体成员身份一样，但它会加快社会变迁进程，对乡村社会治理和农业经营管理造成挑战。因此，国家在制定土地有偿退出政策时，对打破农村集体组织边界非常审慎，当前各改革试点也主要尝试承包地、宅基地和农村住房的集体成员内部交易或者集体组织回购。但如果农村土地、住房和集体资产股份只能在本集体范围内交易，势必导致退出价格偏低，农民利益受损，甚至拒绝退出。这也是平罗县的"三权"集体成员内部交易和集体组织收储发展缓慢的原因。我们认为，下一步可以选择试点，尝试以"政策性银行贷款＋国家财政贴息＋村集体组织收储"的方式实现人地分离。收储价格可以借鉴平罗的经验，由当地的土地流转价格和确权后的承包年限（比如30年）共同确定，收储土地的流转收益用来分期支付银行贷款。当然，如何在不打破集体边界的前提下，找到保障退地农民利益、激发集体组织活力、促进农业转型发展三者之间的最佳平衡点，还需要深入研究和审慎实践。